現場から変える！教師の働き方

できることから始めるローカルな学校改革

片山悠樹・寺町晋哉・粕谷圭佑 編著

大月書店

はじめに

「名は体をあらわす」といいますが、どのような書名をつければ、読者の皆さんに本書の意図が伝わるのか、執筆者たちとあれやこれやと議論しました。悩んだ末に『現場から変える！　教師の働き方――できることから始めるローカルな学校改革』に決まったのですが、このタイトルに込めた意図をまず最初に紹介します。

新聞、テレビ、ＳＮＳなど、さまざまなメディアで教師の多忙の話題を目にしない日はありません。とくにＳＮＳの普及は、現役教員たちの多忙な現実を、直接学校に関係していない第三者にも可視化しました。ツイッターのハッシュタグ「＃教師のバトン」は、その典型例です。

一方で、変化の兆しも見えています。少しずつではありますが、教師の働き方を改善するための政策的な議論が進められています。教師経験者や研究者は、働き方改善の事例集や現状分析の本を出版し、改善を促進しようとしています。そこにあるのは、それぞれの立場を超えた「現状をなんとか改善したい」という共通の思いです。

ただ、思いが共通でも、いざ実践に移すとなると、さまざまな考えが交錯し、解決の糸がもつれてしまうことがあります。その結果、改善の動きが止まったり、ときには事態が悪化してしまったりすることさえあります。現場の教師のあいだでも、働き方に対する考えは一枚岩ではありません。極端な例ですが、働き方の改善のためには、部活動も修学旅行も運動会も廃止という考えもあります。時間外勤務時間の測定を厳密に行おうとする研究は、こうした主張を後押ししています。一方で、それらの活動に対して「教育的意義」を感じている教師もおり、そうした活動を削減することには躊躇《ちゅうちょ》するかもしれません。

これまで私たち編者は、研究者として教育現場の声を聞き、改善案や実践例を読み、勉強してきました。それらのなかには「なるほど」と頷《うなず》く意見が数多くありました。ただ、どうしても隔靴掻痒《かっかそうよう》な印象が拭《ぬぐ》いきれませんでした。なぜなら、解決の糸の「もつれ」を解きほぐさない限り、働き方改善は前進しないと思われたためです。

いくら素晴らしい考えや提案も、現場で働く多くの教師が納得し受け入れなければ、机上の空論です。そのために、「もつれ」を引き起こしている要素を発見する必要があります。もちろん、その要素は複数あり、本書でもすべてを発見できているわけではありません。しかし、少しでも多くの「もつれ」の原因を発見し、解くことをめざして本書の企画を進めてきました。

その成果をできるだけわかりやすく提示するために、私たちはひとつの方針をとりました。それは、働き方改善の成功例の紹介（事例集や実践書）でも、研究者による分析（学術書）でもない、その間＝良いとこ取りです。本書は実践書でも学術書でもありません。具体的には、働き方改善で成果をあげつつある大阪府枚方《ひらかた》市の実践を紹介しますが、ただ紹介するのではなく、改善が進んでいる実態を理解するための分析的な視点を提示します。そこで提示する「もつれ」の要素が意識されれば、全国の多様な学校現場においても、それぞれにもつれた糸を解きほぐすことができるかもしれません。

いま、教師の多忙を表現する言葉にはインパクトのあるものが目立ちます。ブラック、BDK（部活大好き教員）、定額働かせ放題など。問題に対する関心を集めるうえで、インパクトのある言葉は大きく貢献してきました。ただし、インパクトの強さゆえ、見落としている「現実」があるのも事実です。さらには「正しい／正しくない」という白黒をつける議論におちいりがちです（SNS上にそうした言説は溢れています）。そうした議論とは距離をとるため、本書にはインパクトのある言葉はほとんど登場しません。私たちが作った言葉ではなく、学校現場で見聞きした、日常の言葉で書かれています。日常の言葉で、これからの教師の働き方、これからの学校を考えていきましょう。

片山悠樹

2022年12月

現場から変える！
教師の働き方
目次

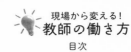

序　章

働き方改善を実践する

片山悠樹（愛知教育大学）

ここ数年、メディアなどで教員の多忙化が話題になっています。実際、教員がどのくらい働いているのかといえば、日本の教員の労働時間（週平均）は小学校で54・4時間、中学校で56・0時間（国際教員指導環境調査〔TALIS〕2018年）で、国際平均（調査参加国平均＝中学校教員38・3時間）を大きく上回っています。こうした現状に対して、中央教育審議会でも、教員の働き方改善が議論され、政策的提言がなされています。

教員の働き方を見直すアプローチはいろいろありますが、本書では二つのねらいを念頭に考えてみたいと思います。ひとつは、「**自分のため／子どものために働きやすい職場をつくる**」こと。もうひとつは、「**現場＝『ローカル』な実践で実現できる**」ことです。

1　自分のため／子どものために働きやすい職場をつくる

次の文章を読んでみてください。この文章は、愛知県の教職員組合が、教育研究全国集会に提出した資料（「教育研究全国集会報告書・愛知県」）の一部です。この文章がいつごろのものか、おわかりでしょうか？

小学校・中学校の教師は平均して、週23時間の授業を行ない、それ以外に授業の準備や職員会、研究会や校内美化整備の作業など多忙をきわめている。多くの教師が家庭まで仕事をもちかえっている。小学校で平均して58時間40分、中学校で56時間27分の勤務をしている。教師は３人で４人分の仕事をしているわけになる。こうしたなかにあっては教育活動の基盤ともいうべき、こどもと教師の魂が触れ合う機会はほとんどない。

正解は、１９７０年です。

50年以上前の文章ですが、当時の教員は週56時間～58時間働いていたとあります。前頁で示したＴＡＬＩＳの結果と比べると、労働時間はほぼ同じです。もちろん、調査の範囲（国際比較と愛知県内）が異なるので誤差はありますが、ここで着目したいのは、50年以上も前から教員は多忙であったということです。近年、教員の労働時間の増加が指摘されていますが（神林 2017）、多忙という意味では、ずっと以前から常態化しているといえます（高木・北神編 2016）。

見逃せない点がもうひとつあります。それは、多忙によって「教育活動の基盤ともいうべき、こどもと教師の魂が触れ合う機会はほとんどない」という一文です。忙しくなることで、子どもと向きあう機会が減るというのが、教員たちの悩みの種であったことがわかります。教員の多忙は、教員だけでなく子どもの問題でもあります（片山 2019）。

職務の範囲が無限定な教員の働き方は（久冨編 1994、佐藤 1997）、「子どものため」という合言葉のもと、その範囲が際限なく広がりがちです（内田 2015）。また、ワークライフバランスに対する意識の高まりのなか、労働者である教員の労働時間の削減が喫緊の課題であることはいうまでもありません。ただ一方で、労働時間の削減を目的とするあまり、「子どもと向きあう」といった教員の専門性の基盤が損なわれることは避けなければなりません。働き方改善は、「**労働者としての教員**」（自分のため）と「**専門家としての教員**」（子どものため）という二つのバランスを保ちつつ進めていくことが重要です。二兎を追う虫のいい話に聞こえるかもしれませんが、本書ではこのバランスを保つために「働きやすい職場」をつくりだすという、働き方改善の方向性を議論したいと思います。

2　現場＝「ローカル」な実践で実現できること

もうひとつのねらいは、現場＝「ローカル」な実践への注目です。部活動の地域移行など、教員の労働環境に関する政策が、少しずつではありますが実現に向けて動き出しています。教員たちが多忙の実態に対して声を上げ、政策による改善を訴えてきたことが実りつつあるといえるでしょう。ただ、政策がポジティブな効果をあげるには時間がかかります。

部活動の地域移行などの政策による改善を「上からの改善」とするならば、本書で焦点を当てるのは、「ローカル」な実践による「下からの改善」です。なぜ「ローカル」な実践に注目するかというと、理由は二つあります。

ひとつは、学校現場が改善の「主役」であるということです。政策による改善の重要性はいうまでもありませんが、政策に頼りすぎると、政策に従うことが目的となり、「何のため」「誰のため」に働き方を変えるのか、見失うおそれがあります。教員自身が、働き方改善に対する主体性を失いかねません。

一方、「ローカル」な実践の場合、改善は学校現場から発信されたもので、主体性が喪失されるおそれは少ないといえるでしょう。もちろん、改善がうまくいかない＝現場の自己責任という見解におちいらないように注意しなければなりません。また、教員の採用人員数のように、現場の意向では左右できない制約が多数あることも事実です。その意味では、政策による改善も重要です。しかし、自分（教

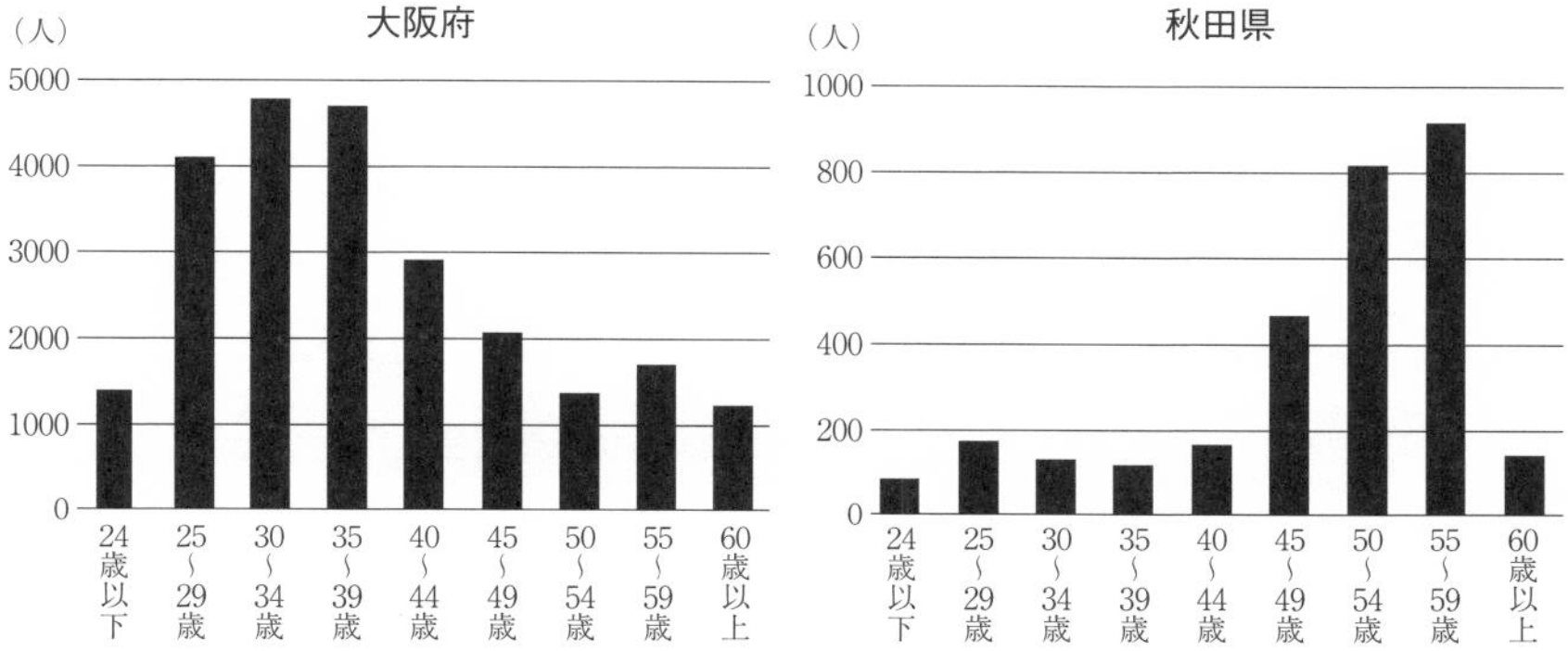

図0-1　小学校教員の年齢構成

文部科学省「学校教員統計調査」（令和元年度）より作成

員）のため／子どものために働きやすい職場をつくるには、学校現場が改善の「主役」であることを忘れてはなりません。

もうひとつは、現場の多様性です。学校現場といってもさまざまです。教員の年齢構成を例にとっても、そのことがよくわかります。**図0-1**は秋田県と大阪府の小学校教員の年齢構成を示したものですが、秋田県では50代以上が6割超となっている一方、大阪府では30代以下の教員が多数を占めています。こうした例からもわかるように、ひとくちに「現場」といっても置かれた状況は多様であり、政策による改善が一律にうまくいくとは限りません。そのため、本書では「ローカル」な実践でできること＝実現可能性に重きをおいて議論したいと思います。

3　本書で取り上げる実践例

以上の二つのねらい――「自分のため／子どものために働きやすい職場をつくる」と「現場＝『ローカル』な実践で実

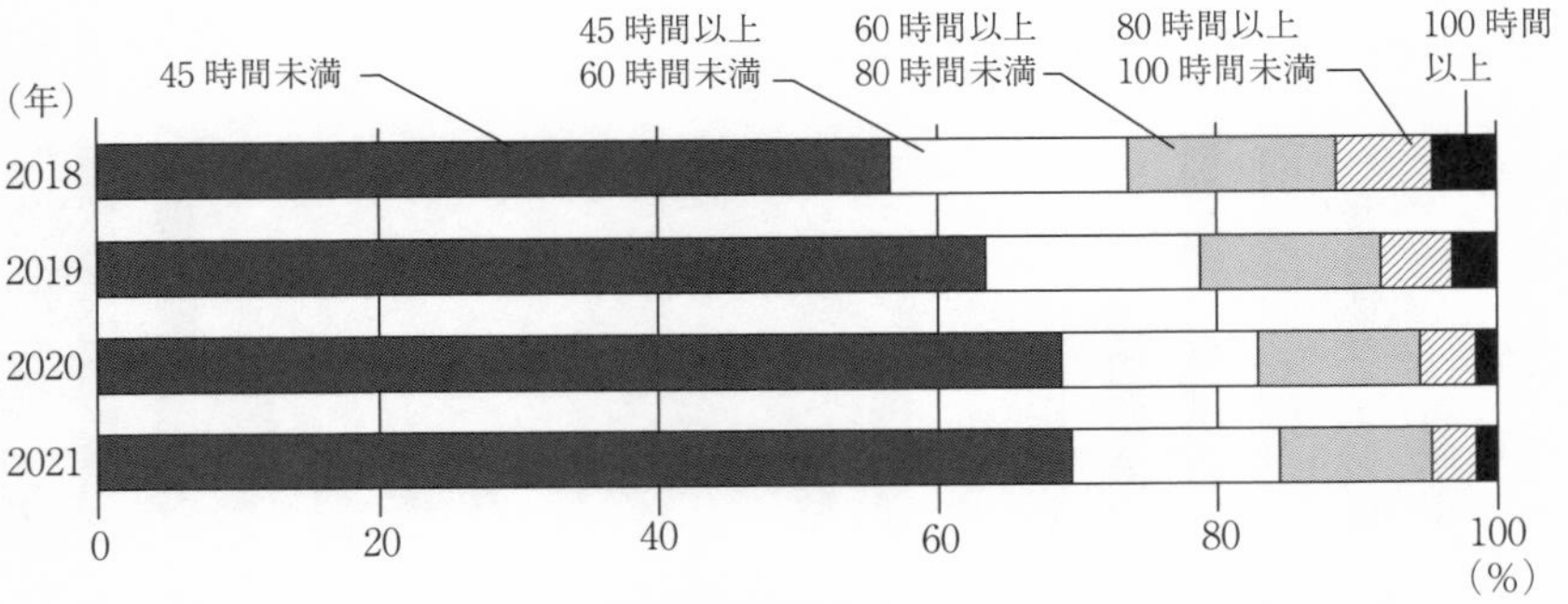

図0-2　枚方市小学校・中学校教員の１か月あたりの時間外勤務時間

枚方市教育委員会調べ

現できる」こと——を検討するために、本書の第Ⅱ部では、大阪府枚方市の働き方改革の取り組みを取り上げます。その詳細は4章と5章で扱いますが、ここでは枚方市を選んだ理由についてふれておきたいと思います。

枚方市の取り組みは、２０１７年度の文部科学省「学校現場における業務改善加速事業」への応募からスタートし、現在も継続中です。期間としては5年間ですが、効果もみられています。それを象徴するのが**図０-２**です。図をみると、２０１８年度からの4年間で時間外勤務時間の減少が確認できます。もちろん、減少しているとはいえ、「過労死ライン」とされる月80時間以上の残業の割合が、２０２１年でも４・８％確認できます。コロナ禍で思わぬ業務が追加され、想定よりも削減できなかった部分もあるのかもしれません。それでも、わずか数年間のあいだに時間外勤務時間が確実に減少したことは評価できます。

それだけではありません。枚方市の働き方改善の目的は、ただ労働時間を減らすことではありません。枚方市が掲げる基本方針には「学校における働き方改革（これまでの教職員の働き方の見直し）は、子どもに対して、効果的で充実した教育活動をおこなうため取り組むものです。大切なことは、時間は限られているということ。その中で、1、授業力を磨くこと。2、日々の生活の質・教職人生を豊かにすること」とあるように、改善の目的として「授業力を磨くこと」(=「子どものため」)と「日々の生活の質・教職人生を豊かにすること」(=「自分のため」)が明示されています。本書のひとつめのねらい――「自分のため／子どものため」――と合致していることがおわかりでしょう。

内幕を明かせば、先述した本書のねらいは、枚方市の取り組みを聞き取りするなかで私たち編者が学んだものです。同市の取り組みは現在進行中ですが、改善の効果がいくつもみられます。本書では、枚方市の取り組みをできるだけわかりやすく伝えたいと思います。もちろん、本書で取り上げる取り組みが、多様な地域や学校のすべてにそのままあてはまるとは限りません。ただ、改善を考えるうえでのヒントとはなるはずです。

4　本書の構成

本書は大きく2部で構成されています。第Ⅰ部は、第Ⅱ部で取り上げる枚方市の取り組みのポイントを理解してもらうために、三つの視点から教員の多忙問題を検討しています。キーワード風にいうと、1章が「**自律性**」、2章が「**管理職**」、3章が**責任の**「**分有**」です。

具体的には、下記の通りです。

1章：自律性の喪失

政策による改善が、かえって教員の「やりがい」を失わせ、働き方改革が教育活動に思わぬ負の影響をもたらすことはないでしょうか。労働時間の削減が焦点化されるあまり、教員の自律性がおろそかになっている可能性です。そうならないためにも、教員の自律性を侵害しない働き方改革の推進が重要です。

2章：管理職

日本の教員文化として「同僚性」が注目されてきました。「同僚性」は教員の成長を支える重要な要素ですが、学校組織には「同僚」だけでなく「管理職」も存在します。管理職は教員の働き方にどのような影響を及ぼしているのかという視点で分析を行いました。

3章：責任の「分有」

右で述べた「同僚性」は日本の教員の特徴ですが、一方で「同僚」はどのような役割を果たしているのでしょうか。従来はポジティブな側面に焦点が当てられてきましたが、これまで見逃されてきた視点――責任の「専有」による弊害――について検討したいと思います。

第Ⅱ部では、枚方市の取り組みを中心に記述します。

4章では、取り組みの経緯と現状、教育委員会と学校の関係性などを、教育委員会に対して実施した聞き取り調査をもとに検討します。

続く5章では、改善の先進的な実践校である小学校と中学校の各1校に対して実施した聞き取り調査の結果を分析します。

そして6章では、教職を志望する大学生の意見を取り上げます。大学生たちは教員の多忙という現状をどのように考えているのか、枚方市の取り組みをどのように見たのか、学生たちの生の声とその変化をお伝えします。

各部の合間には、多様な視点から教員の多忙問題を考えていただけるよう、現職教員によるコラムを設けました。ひとつは「部活動の地域移行をめぐるジレンマ」に関するコラム、もうひとつは企業で働いた経験のある教員が執筆する「企業と学校の働き方の類似と相違」に関するコラムです。

各章を読む順番は読者の関心にお任せします。具体的な実践例を知りたい方は、第Ⅱ部から読んでいただいても構いません。

いま本書を手に取っていただいている皆さんは、教員でしょうか。教員をめざしている方でしょうか。あるいは、保護者や地域住民の方でしょうか。いろいろな方に読んでいただきたいですが、どの立場の方であれ、本書を通して知っていただきたいのは、学校現場の一部では、働き方改善に教員たちが主体的に取り組み、困難な状況を変えつつあるということです。そして、変わりつつある現場から、私たちは学ぶ必要があります。

アメリカの社会学者A・R・ホックシールドは、ワークライフバランスに関する学術書を書いていますが、働き方改善に取り組む企業に対して、次のように記しています。

真に学ぶべきことは、私たちの時間の制約は不変なものとして与えられたものではなく、変えようと思えば変えられるものであるということだ。しかし、そのような変化をもたらすためには、私たちはあえて勇気をふるって変えたいと思わなければならない。(Hochschild 1997 = 2022, p.452)

私たちも、勇気をふるって現実を変えている実践を見ていきましょう。

参考文献

Hochschild, A. R.（1997 = 2022）『タイムバインド――不機嫌な家庭、居心地がよい職場』坂口緑・中野聡子・両角道代訳、ちくま学芸文庫

神林寿幸（2017）『公立小・中学校教員の業務負担』大学教育出版

片山悠樹（2019）「『子ども理解』を妨げる教員の多忙感――中学校教員を事例に」『愛知教育大学研究報告・教育科学編』第68号、pp. 51-58

久冨善之編（1994）『日本の教員文化――その社会学的研究』多賀出版

佐藤学（1997）『教師というアポリア――反省的実践へ』世織書房

高木亮・北神正行編（2016）『教師のメンタルヘルスとキャリア』ナカニシヤ出版

内田良（2015）『教育という病――子どもと先生を苦しめる「教育リスク」』光文社新書

第1部

働き方を変えるための視点

第1章　時間と「ゆとり」をめぐる「多忙」のレトリック

粕谷圭佑（奈良教育大学）＋井筒優菜（東京都 公立小学校教員）

1　「教師の多忙化」イメージを解きほぐす

「教師の働き方」と聞いて思い浮かぶイメージは、次のようなものではないでしょうか。学校の先生は帰れない、土日も部活動指導に駆り出される、保護者対応に追われて気が休まる暇もない、などなど……。こうした教職の「実態」は、とくに近年、メディアを通して続々と報じられています。「教師は多忙だ」「それもますます多忙になってきている」。このような過酷でつらい「教師の多忙化」イメージを、私たちはかなりの程度共有しているのではないでしょうか。

この「教師の多忙化」イメージを通して、私たちは教師の働き方に対する理解をつくりあげています。先生は忙しくて大変だという知識が広く知れわたることで、保護者や地域の人々からの協力を得やすくなることもあるでしょう。それは個々人のうちの理解にとどまるものではありません。より大きな、教職に関する制度や政策も、社会のなかで流通している「教師の多忙化」イメージに反応する形で進められています。こうした社会の動きは、基本的には教師の働き方を改善していこうとするものです。これまで光が当てられていなかった教師の仕事の過酷さが明るみに出たことで、それを外部から是正していく動きが生み出されているのです。

しかし、本章ではあえて一度立ち止まって、次の問いを立ててみたいと思います。

私たちが持つ「教師の多忙化」イメージは、いつ、どこからやってきて、どのような働きをしているのでしょうか。

いま現在、「教師の多忙化」イメージは、教職に対する社会の理解をつくりあげ、実際の教職にさまざまな影響を与えつつあります。そうであるからこそ、私たちが反応しているこのイメージが、どのように作られたものであるのかを問う必要があります。もちろん、テレビ、新聞、ＳＮＳなどのメディアを通じて得られた教職のイメージは、ある程度は実際の状況を反映したものではあるでしょう。しかしその一方で、社会が共有しているイメージは、すべての学校現場に当てはまるものではありません。

序章でも論じたように、教師の働き方の問題や課題は、学校現場ごとに多様です。そして、その多様な現場ごとに適切な課題理解や対応策があるはずです。「教師の多忙化」イメージは強い力を持つがゆえに、この個々の現場の状況を覆い隠してしまうものにもなりえます。だからこそ、本章ではまず、既存の「教師の多忙化」のイメージから距離をとる作業をしてみたいと思います。

ところで、ここまで「イメージ」という言葉を使ってきましたが、ここからは、この「イメージ」を「言説」という言葉に置き換えて論を進めていきます。耳慣れない言葉かもしれませんが、言説とは、社会のさまざまな場所で語られたり書かれたりしたもののことを指します。社会のなかのできごとは、この言説と切っても切り離せない関係にあります。現在の「教師の多忙化」言説は、どのような展開を経てきたのか。そこでは何が語られ、何が語られなくなったのか。以下では、これらを検討することで、教師の働き方に対する認識を解きほぐしていきたいと思います。

2 「教師の多忙化」言説の全体像

まず、現在の「教師の多忙化」言説の全体像から確認していきましょう。この問題は、いつごろ、どのように生まれたのでしょうか。序章でもみたように、「教師の仕事の忙しさ」は戦後からたびたび言及されてきました。しかし、とくに教師の働き方が大きな問題として注目されたのが、給与制度と「個性重視の原則」をめぐる政策的対立です。これが現在の「教師の多忙化」問題の源流になっています。

教師の給与制度のあり方は、戦後長らく議論されてきました。１９４９年に給与法が改正されたときから、棒給上の優遇をする代わりに教師の残業代は払われないことになり、60年代には多くの都道府県で残業代支払いを求める裁判が起きています。また、これにかかわって、１９６６年には教師の勤務状況調査も行われ、長時間労働が問題になっています。さらに71年に、いわゆる給特法（「公立の義務教育諸学校等の教育職員の給与等に関する特別措置法」）が制定されました。労働者として残業代が払われない教師は、勤務時間に制約がなく、教師に無定量の勤務を強制してしまうのではないか。こうした危惧が、当時の日教組を中心に主張されてきました。教師の勤務時間をめぐる問題の出発点のひとつがここにあります。

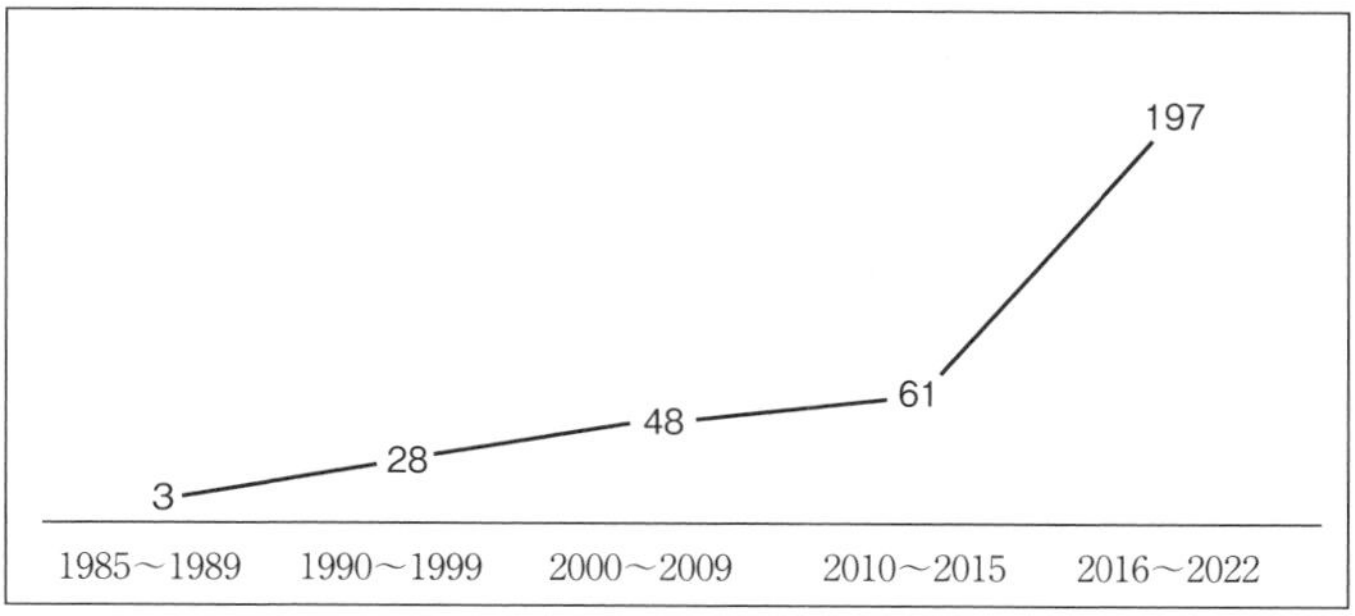

図1-1　朝日新聞における「教師&多忙化」記事数（1985年～2022年11月17日）

また、１９８４年に発足した臨教審（臨時教育審議会）によって「個性重視の原則」が打ち出されます。これにより、一人ひとりの児童生徒の「個性を尊重」し「個性を生かす」ことを標榜《ひょうぼう》した教育改革が推進されていくことになるのですが、一方で、国の財政状況や、大蔵省と文部省（当時）との力関係などにより、教育行政に対して十分な予算が分配されないという問題も立ち上がっていきます。教員定数は増えないまま現場の業務だけが増えていくという、現在に続く問題状況は、こうした政策的対立に端を発しています。

以上のように、「教師の多忙化」問題の源流には、主に勤務時間と教育財政をめぐる問題があります。これらの問題については、政府関係者や日教組・全教といった教職員組合、そして教育学者のあいだでさまざまな議論が展開されてきました。その意味では、「教師の多忙化」問題は、戦後から続く政策上の根深い課題性を有しているということができるでしょう。

しかしその一方で、「教師の多忙化」をめぐる言説の状況に目を向けると、80年代以降に大きな変化があることに気づきます。**図１−１**は、１９８５年から本書の執筆時（２０２２年11月）までの期間、朝日新聞で「教師」「多忙化」というキーワード検索に該当する記事の数を表しています。意外なことに、教師の労働に関しては戦後から問題になり続けていたのに対し、「教師の多忙化」は90年代からようやくまとまった件数で言及されはじめていることがわかります。とくに２０１６年以降は記事数が爆発的に増加し、社会がこの問題に大きく注目したことが窺えるでしょう。「教師の多忙化」言説は、80年代以降に社会に広まり、とくに近年、多くの人に知られることになった、比較的新しい社会問題なのです。

以下では、こうした言説状況の内部に分け入っていきます。注目するのは、「教師の多忙化」に対して教師たち自身がどのような声を発してきたか、です。「教師の多忙化」が社会問題として大きくなっていくなかで、教師たちは何をどのように語ってきたのか。そして、その語りはどのような社会背景と結びついているのか。こうした点を明らかにすることで、現在の「教師の多忙化」言説のありようと、そこから抜け落ちているものが見えてくるでしょう。

3　「教師の多忙化」問題における教師の語り
――「子どもと向きあう時間」の喪失への嘆き

3―1　〈抵抗〉のレトリックから〈喪失〉のレトリックへ

前節で見たように、「教師の多忙化」は、比較的最近になって社会のなかで問題として取り扱われるようになりました。では、それはどのような「問題」として語られるようになったのでしょうか。また、教師自身はそのなかでどのような語りをしてきたのでしょうか。以下で見ていくように、「教師の多忙化」は、それだけが問題として主張されるのではなく、常になにか別の問題と結びつけて論じられてきました。つまり、どの問題と結びつけて語られるかによって、教師の多忙化の問題としてのありようは変化してきたといえます。よって、教師の多忙化が問題にされる際の「レトリック」（問題の主張のされ方）を解き明かしていく作業が、まずは必要になります。

たとえば、80年代には以下の記事にその特徴があらわれています（以下、記事はいずれも朝日新聞より）。

主任制による管理強化、官製研修の押しつけ、すし詰め学級、定員不足などによって教職員の管理体制の強化、多忙化に拍車がかかっている。

（1985年6月19日、朝日新聞全国版「日教組が85年度運動方針案　教師は体罰や管理反省し自己変革を」）

この記事では「教師の多忙化」は、政府主導の教育改革の結果もたらされてしまう問題状況として言及されています。「教師の多忙化」問題は、労働組合と政府の政治的な対立を背景にして、国家（文部省）の現場への締めつけに対する〈抵抗〉のレトリックのなかで取り沙汰されたことが観察できます。この時期には同様のレトリックがくりかえし使用されており、労働組合が県などの研修を「官製研修」として否定し、「教師多忙化の元凶」と反発しているようすが記事にされています。つまり、この時点では「教師の多忙化」問題の語り手は労働組合が主体であり、給特法制定から続く教師の勤務状況に対する異議申し立てを中心に行われてきたことがわかります。

その後「教師の多忙化」を扱った記事は、１９９０年代には24件、２０００年代には40件と右肩上がりに増えていきます。そのなかで「教師の多忙化」は、いじめ、不登校、少年犯罪、教育改革、教師の精神疾患など、さまざまな教育問題と結びつけて語られていきます。特徴的なのは、こうしたさまざまな問題と「教師の多忙化」が結びつけられて語られるときに、現場教師や元教師の語りに「子どもと向きあう時間」や「ゆとり」が失われるという〈喪失〉のレトリックが用いられるという点です。以下、象徴的な記事をいくつか見ていきましょう。

3—2　教育問題の要因として語られる「子どもと向きあう時間」の喪失

このところ、いじめ問題で、生徒と向き合うことの必要性をマスコミは説いていた。（略）いじめ問題を根本的に解決したいと思うのなら、行政側は教師個人に「生徒と向き合え」と呼びかけるだけではなく、学校現場の多忙化を解決し、教師が生徒と向き合えるための条件整備を積極的に行う必要がある。（１９９４年12月22日、全国版「超多忙教師に生徒は見えぬ」傍線は引用者による。以下同じ）

この記事は、１９９３年に起きた「山形マット死事件」に関する中学校教師の投書です。この男子中学生の死亡事件は、原因としていじめが指摘され、大きな社会問題となりました。この投書では、教師が生徒と向きあうためには多忙化の解消が必要であるということが訴えられています。先にみた80年代の〈抵抗〉のレトリックに対し、現場教師は「子どもと向きあう時間」の必要性と喪失を訴えようとしていることが見てとれます。同様の〈喪失〉のレトリックは、地方の教職員組合の主張にもみられます。

（県教職員組合、県高教組などは）いじめ問題について「管理体制の強化による教職員の多忙化は、子どもたちの悩みや嘆きを聞こえにくくし、叫び・訴えのサインを見えにくくしている」などとするアピールを発表した。

（1995年1月13日、宮城県地方版「『いじめ原因に教員の多忙も』県高教組など6団体がアピール」）

このように、多忙化による「子どもと向きあう時間」の〈喪失〉を主張するのが、90年代以降にあらわれてくる言説の特徴です。

さらに、こうした主張は現場の教師たちによってのみ主張されてきたわけではありません。たとえば以下は、研究指定校制度などの校内研究や発表が多忙化の原因となっていることを指摘した記事ですが、当時の文部省が同様のレトリックを使用していることがわかります。

文部省は「いじめ対策をとってみても、子どもと先生がふれあうゆとりが学校には必要。自治体レベルでも研究指定校や教員の研修などのあり方を見直し、ゆとりを生み出してほしい。」（初中局高校課）としている。

（1997年1月5日全国版「研究指定校3割減らす　先生の負担軽減　来年度から文部省方針」）

このように、90年代以降、〈喪失〉のレトリックは現場教師も含めたさまざまな主体によって用いられていきます。さらに、それは不登校や少年犯罪といった他の教育問題とも接続されていくことになります。以下、四つの記事を列挙します。

「授業についてこられない生徒に手を差し伸べたくてもその余裕がない」と教師たちは嘆く。「落ちこぼし」が不登校、非行に結び付いている、とみる教師も少なくない。

（1996年3月25日、全国版『学校の常識』教師自身が疑うとき」）

（高校教諭）「生徒に相談を持ちかけられると、（いまは忙しいからと）別の日を指定する教師も珍しくない」（中略）教師の多忙化が生徒とのコミュニケーションを希薄にしている現状を取り上げた。

（1998年8月28日、全国版『現場報告・子どもがおかしい』現職教師ら6人が出版／鹿児島」）

（県教組委員長の発言）教師が多忙化し、子どもと向き合う場が減ってきている。この問題を解消し、向き合う場をつくらないといけない。

（2004年6月5日、石川県地方版「金沢・佐世保の少年事件で教育界に波紋拡大　臨時集会など」）

（50代現場教師の語り）「（かつては）問題があっても学校はおおらかで、教諭は児童と真剣に向き合う時間があった。最近は年々、余裕がない忙しい場所になってきたような気がする」

児童達の心の問題に取り組むには、ある程度のゆとりも必要だ。「こういうことも不登校の背景にあるんじゃないか」

（２０１４年６月７日、大分県地方版「〈教育２０１４　不登校と向き合う５〉おおらかさ失う学校」）

これらの記事は、少年犯罪、不登校などの教育問題を主に論じた記事です。ここでも、教師の多忙状況が教育問題に連なっていることが主張されており、とくに「子どもと向きあう時間」の喪失がその要因のひとつであることが、教員自身によって語られています。

３－３　くりかえされる「子どもと向きあう時間」を求める語り

教師の多忙化言説には、教師の勤務実態それ自体を問題にする記事も多く見られます。そのなかには政策や財政などの制度的な問題を主張する記事もくりかえし登場していますが、ここで注目したいのは、そのなかで教師たちが何を問題にしてきたかです。以下の記事は、教師の意識調査に関する記事ですが、ここでも現場の教師は、多忙化によって失われてしまうものを主張しています。

県教委は、「日常の会議、出張などが教員の負担になっている。教員数の増を期待できない今、仕事を減らすことで、子どもと接するゆとりを生み出せるのではないか」としている。（中略）

高畑校長は「学校として、休み時間や放課後に教師が自由に使える時間を増やす努力が必要だ。放課後などに子どもと教師が会話する場がまだ少ない。その時間をもっと生み出したい。」

（１９９７年２月28日、静岡県地方版「いま教育は」）

学校の先生たちの8割が、打ち合わせや校務などで「就職したころより忙しくなった」と考え、「放課後、子どもらとふれ合う時間」が少なくなっていると感じていることが、民間研究機関「大阪教育文化センター」（青山一代表）のアンケートでわかった。

（1997年9月6日、大阪府地方版「学校の先生、忙しくなって減ったものは　民間団体がアンケート」）

働き方が問題とされる際にも、現場の教師がくりかえし語っているのは「子どもと向きあう時間」の喪失です。教師にとっての仕事量や勤務時間の問題は、「子どものため」に使う時間を失わせてしまうからこそ問題とされていたことが見てとれます。

以下の三つの投書では、教師の立場から、行政の教育改革の問題性が指摘されています。ここでも、教師自身によって問題とされているのは「子どもと向きあう時間」の喪失です。

（学力テストの導入や優秀校の公表の是非について）

学校では得点を上げるために、補習や居残りが増え、子どもと教職員からゆとりを奪っていくと思われます。学校現場はますます多忙化し、教職員と子どもの触れ合いがどんどん減っていくのではないでしょうか。

（2005年11月16日、全国版　中学校教師による投書「学校現場の声、もっと聞いて」）

（橋下大阪市長（当時）が導入を検討していた小中学校留年制に対して）

今の日本の教育現場に必要なのは、児童生徒を脅すような留年制度ではない。教師が児童生徒とじ

つくり向き合える環境の整備こそ求められている。（２０１１年２月28日、全国版　元教師による投書）

（教育改革と現場の多忙化について）

政治家の描く教育改革では、豊かな教育は実現することができません。（中略）本気で豊かな教育を実現したいなら、財政支出を大幅に増やし、教職員定数や権限を拡充するほかありません。（中略）私が学生時代、学校が楽しかったように、学校が楽しいと思ってもらえるよう、もっともっと子どもたちに向き合っていきたいのです。

（２０１３年12月14日、静岡県地方版　教師からの投書「情熱失わない待遇を　連載『悩める学校』読んだ先生からの反響」）

以上見てきたように、１９９０年から２０１０年代にかけて、教師の多忙化言説はさまざまな問題と結びつけて論じられ、社会問題としての地位を確立していきました。その問題性はさまざまに論じられてきましたが、そこで教師たち自身がくりかえしていたのは、「子どもと向きあう時間」の喪失こそが多忙の根本的な問題性である、という主張でした。

4　忘れられた語りと語られなかったもの
――「子どものため」と「自分のため」

　ところが2016年以降、これまで見てきたような教師の多忙化の言説状況が、量的にも質的にも変化しはじめます。同年以降、多忙化をめぐる記事は急速に増え、本稿の執筆時までで197件にのぼります。その背景には、2016年に3回目となる文部科学省による勤務時間実態調査で、日本の教員の労働時間が国際的にも突出して長いことが明らかになったこと、そして、行政による一連の「働き方改革」の推奨が挙げられます。教員の長時間労働は客観的な数値として比較可能なものとなり、その問題性が誰の目にも明らかなものとなりました。

　そのもっとも大きな要因として挙げられたのが、部活動です。土日にもおよぶ部活動指導は、教員の長時間労働の元凶として注目され、また、かねてから課題であった給与問題とも結びつくことで、急速に見直しが進められていきます。日本の教員は国際的にも客観的に見て労働時間が長い、それを是正するためには部活動を見直すべきだ。こういったレトリックが、現在の「教師の多忙化」言説では際立って用いられています。

　こうしたレトリックが流通したことで、「教師の多忙化」問題はかつてないほど注目を集めるようになります。そして現在（2022年）では、各学校や市町村において実際に、教員の働き方に対する改善が取り組まれはじめています。第Ⅱ部で紹介する枚方市の取り組みも、こうした流れのなかにあるといえるでしょう。教員の働き方の時間的な問題が明確に認識され、その是正に向けた取り組みが前進したことは、この社会問題の成立による成果であるといえます。

一方で、前節まで検討してきた言説の展開を踏まえると、現在の言説状況には注意しなくてはならない点があります。それは、教員たちによってさかんに主張されていた「子どもと向きあう時間の喪失」が、以前よりも前面に出てこなくなってきている点です。現在の言説状況は、教員の労働時間の問題が強調されることが多くなり、「子どもと向きあう時間」を求める教師の語りが「忘れられた語り」になりつつあります。

もちろん、このことは、教員にとっての「子どもと向きあう時間」の重要性が小さくなったことを意味しているわけではありません。以下の記事では、働き方改革によって部活動の指導時間が削減され、労働時間が削減された中学校教師の語りが紹介されています。

名古屋市近郊の中学で教える30代の男性教諭は、部活に休養日ができて、体は楽になったという。だが、「楽しい時間が減り、ストレスは増えた。生徒と向き合う時間も減った。多忙化解消なら平日の業務をもっと見直してほしい。」

（２０１７年6月6日、名古屋版「部活休養、楽になる？　教育現場への影響は」）

この現場教員の語りから読みとれるのは、労働時間の削減が、教師としての楽しい時間（子どもと向きあう時間）をむしろ奪ってしまったという皮肉な帰結です。これは、働き方改革の意図せざる結果といえるでしょう。そうであるならば、教師の多忙化問題は、労働時間の改善という課題を乗り越えながら、「もっと子どものために時間を使いたい」という現場の願いをどれだけ実現することができるのか、という次なる課題へと視野を広げていかなくてはなりません。

ここまで、教師の多忙化をめぐる言説の展開をたどるというアプローチで、現在の教師の多忙化問題の状況をとらえてきました。教師の多忙化問題は、政策上の課題と結びつけられながら長らく問題にされてきましたが、現在ではとくに労働時間の是正が問題にされています。一方で、教師が変わらず訴えつづけているのは、労働時間の是正が結果的に「子どもと向きあう時間」の確保へとつながることでした。以下では、後の章の議論に向けて、考えておくべきことを整理します。

第一に、「子どもと向きあう時間」という言葉によって教師が何を求めてきたかです。この言葉は、よくよく考えると曖昧性に満ちています。「子どもと向きあっている」感覚は、それこそひとつひとつの現場の、教師と子どもたちのやりとりのなかで得られる感覚であり、「これをしたから子どもと向きあっている」というコアのようなものがあるわけではありません。また、教員によっては、子どもと話したり遊んだりする時間ではなく、明日の授業に向けた教材研究をすることで、子どもと向きあっている感覚を得る人もいるでしょう。このような曖昧性があるにもかかわらず、教師はくりかえし「子どもと向きあう時間」という表現を用いてその喪失を嘆いてきました。それは裏を返せば、このような感覚を得られる日常のやりとりを行う時間が持てない、ゆとりのなさを訴えてきたのだといえます。そう考えると、教師の多忙化問題は、たんに労働時間だけではなく、仕事のせわしなさからもたらされる多忙

「感」に問題の根源があるといえそうです。

第二に、この点に関連して、「子どもと向きあう時間」の確保は、教師の仕事の専門性にかかわるものだということを指摘しておきたいと思います。教師の専門性が発揮されるのは、ある程度自由な時間のなかで、その都度の状況に合わせてみずからの業務のバランスを管理し、何に時間を割くのかを自己決定できるところにあるのではないでしょうか。教室の中のようす、子どものようすをもっともよく見取っているのが教師であるからこそ、いま必要な仕事は、その時々の教室や子どものようすに即して日々変わるはずです。そうした日常の児童とのやりとりが余裕をもって行えることで、教師は「子どもと向きあっている」という実感を得ることができます。

しかし、現在の教師の働き方には、そのような柔軟な時間の使い方を許す余地がほとんどありません。そうであるならば、教師の働き方改革に必要なのは、与えられた仕事をこなすので精一杯な状況から、みずから仕事をコントロールする感覚を得られる状況へと、質的な転換をもたらすことでしょう。すなわち、教師の仕事に自律性をもたせるということです。

もちろん、右に挙げた多忙感の緩和や自律性の確保という課題を達成するためには、制度的に見直されなければならない点がたくさんあります。教員の人数、授業時間数、給特法の見直しによって解決する部分は数多くあることでしょう。これらの制度的な改革も、同時に進められるべきであることは間違いありません。

ただし、こうした制度的な改革が試みられる際にも、現場の教員が抱いている課題と、教職に感じている意義が何であるのかが誤ってとらえられてしまっては、実質的な働き方改革とはなりえないでしょう。また、制度改善を働きかけるためにも、いまの状況で現場から変えられることには何があるのか、何が現場だけでは変えがたいものであるのか、これらをあらためて考える必要があります。

最後に、これまでの言説のなかであまり語られてこなかった点も今後重要となることでしょう。それは、「子どものため」だけではなく「自分のため」に仕事をする、という視点です。序章でもふれたように、教師にとって「子どものため」という大義名分は大きな力を持っています。それは、教師という職業上のアイデンティティに深くかかわる理念であるがゆえに、みずからの労働を際限なく積み重ねる理由としても働いてしまいます。しかし、教師も一人の労働者として、労働とみずからの生活の適切なバランスが保たれるべき存在であることは間違いありません。

ただし、それは労働時間の削減だけによって達成されるものではありません。仕事としての教職の意義、やりがい、達成感を感じられる質的な転換とともに、みずからの生活も豊かなものにしていくための取り組みがなされなくてはなりません。この「自分のために仕事をする」ということは、これまでの教職のイメージのなかでは、なかなか教師自身が主張しにくかったものであるかもしれません。しかし、今後の教職を考えるうえでは重要な点です。

以上の論点を踏まえると、教師の多忙化問題に対して、教育現場が抱えるリアルな課題は、目の前の子どもに注力できる環境をつくりながら、教師みずからの仕事のバランスをとることにあるといえるでしょう。このバランスをとった問題解決のヒントは、個々の実践現場のなかにあります。本書の第Ⅱ部では、リアルな現場のなかで試行錯誤する教師たちの姿を紹介していきます。

第2章 管理職によって変わる多忙感

片山悠樹

1 「多忙感」と管理職

第1章でみたように、2010年代から新聞などのメディアで教員の多忙が頻繁に取り上げられるようになり、教員の働き方に対する社会的関心が高まっています。こうした背景にあるのは「国際教員指導環境調査（TALIS）」や「教員勤務実態調査」で明らかとなった、日本の教員の長時間労働です。教員の多忙の問題にはさまざまな要素が含まれていますが、この章では管理職という視点から考えてみたいと思います。

まずは、ある投書を紹介しましょう。投稿者は小学校の元校長です。

「教員は本当に多忙なのだろうか」

公立小中学校教員の多くが、授業以外の「保護者からの苦情対応」や「研修リポートの作成」を負担に感じている、と文部科学省が発表した。しかし、私は教員側にも工夫の余地があると思う。

私は3年前に退職するまで38年間にわたり、小中学校で教員生活を送った。感じていたのは、「優先順位をつけて計画的に仕事をこなす」ことが苦手な教員が増えているということだ。

例えば研修リポートの通知は突然来るわけではない。通知が来ればすぐにとりかかる教員もいるが、多くは提出直前に着手する。だから「忙しく」感じる。通知表も同じだ。また、保護者からの苦情は、他の教員や管理職と相談すれば迅速に解決できる場合が多い。

私は校長時代、職員室の机の上を整理整頓するよう口酸っぱくして言った。整理ができない教員は仕事が遅く、物をよくなくす。授業の準備もまともにできないことが多かったからだ。

教員には長い夏休みや冬休みがある。授業がない時は多くのことができる。時間をうまく使う方法を企業社会から学ぶべきだ。そして、もっとテキパキと仕事ができるようになってほしい。

（朝日新聞２０１５年8月1日朝刊）

多忙の問題が広く注目されはじめた２０１０年代に「教員は本当に多忙なのだろうか」というタイトルは、ある意味で挑戦的であり、その内容は、投稿者自身の経験に照らして多忙の要因についてコメントしていることがわかります。投稿者の目から見れば、計画的に仕事をすることが苦手な教員が増えており、時間の使い方を企業から学ぶべきだとあります。「なるほど！」と思える部分もありますが、読者によっては「そうではない！」と感じる人もいるかもしれません。

実は、まだ続きがあります。１か月後、この投書に対する疑問の投書が掲載されます。投稿者は20代の小学校の教員です。

「子どもに還元される仕事か疑問」

教職にある者として、投稿者の意見は看過できない。教員は気になる児童との関わり方に悩み、少しでもいい授業をしたいと考える。そうやって子どもたちと一日過ごした後、会議や残務処理、次の日の授業準備に取りかかる。多忙なのは間違いない。

教員は何かあれば保護者への説明と対応に追われ、平謝りを強いられることもある。出張があれば形式的な研究レポートも求められる。これらは本当に子どもたちの成長に還元されるのかと、疑問に感じながら取り組んでいる。

教員の忙しさは、個人の資質だけが問題ではない。仕事の内容や性質、教員の置かれた立場などからも、仕事が遅くても、子どものことを考えずにはいられない教員を、自分と同じ仲間と感じている。

（朝日新聞２０１５年９月２日朝刊）

「看過できない」という厳しい表現から始まる投書ですが、内容は子どものための仕事をしたいと思いつつも、会議や事務業務、あるいは保護者対応に追われ、多忙な仕事に疑問を抱くようすが伝わってきます。しかも、多忙は個人の資質の問題ではないと書かれています。

先の投書の元校長は現役時代、効率的に仕事をするため「整理整頓するよう口酸っぱくして言った」そうですが、そうした働きかけで、教員の働き方はどのように変わったのでしょうか。確かに整理整頓ができていないと仕事がはかどらないことがあります。ただ、それに対する小学校教員の反論をみると、「個人の資質だけが問題ではない」とあるように、教員の側は「そういう問題ではない！」と訴えたい気持ちがあるように思えます。そのように考えると、「口酸っぱくして言う」というのは、マネジメントを司る管理職として職務を果たしていたといえるのでしょうか。もしかしたら、管理職として別のやり方があったのかもしれません。もちろん、二つの投稿からはこれ以上のことはわかりません。

労働法制上、公立学校の使用者である校長や、服務監督権者である教育委員会は、勤務時間の管理という責務が求められています。２０１９年の中央教育審議会答申「新しい時代の教育に向けた持続可能な学校指導・運営体制の構築のための学校における働き方改革に関する総合的な方策について」でも、勤務時間管理や労働安全衛生管理に対する管理職のマネジメント能力の重要性が示されています。そこで、この章では管理職に注目し、教員の多忙の問題についてアンケート調査をもとに検討します。

2　データ

本章で使用する調査データは、２０１５年8月から9月にかけて実施された「教員の仕事と意識に関する調査」です。調査対象の選定にあたっては、全国の公立小学校・中学校・高校それぞれ５４０校を無作為抽出し、1校につき教員6名分の調査票を配付しました。(1) 配付および回収状況は**表2-1**の通りです。(2) この章では、上記のデータの中から小学校と中学校の教員の回答をとりあげます。

やや話はそれますが、この調査は「教員の魅力プロジェクト」という企画の一環で実施されたものですが、マスコミからの問い合わせ（使用許可）のほとんどは、教員の多忙に関する分析結果についてで

表2-1　調査実施状況

	小学校	中学校	高校
配付校数	540	540	540
配付数（各校６票）	3,240	3,240	3,240
有効回答数	1,482	1,753	2,138
有効回答率（%）	45.7	54.1	66.0

した。問い合わせに対応するたび、「魅力」よりも「多忙」が議論されるべき問題と受け取られていることを実感しました。

さて、以下の分析で用いる質問項目を示しておきましょう。

多忙感：「仕事に追われて生活のゆとりがない」（「とても感じる」～「まったく感じない」の四つの選択肢から回答）

業務の時間：「会議」「事務業務」「保護者対応」について１週間で費やす時間

管理職の干渉：「管理職からの指示や干渉が多い」（「とても感じる」～「まったく感じない」の四つの選択肢から回答）

3　分析結果

以下では、このアンケート調査のデータから管理職と教員の多忙の関連を検討するのですが、ここでは労働時間といった客観的・定量的な側面ではなく、主観的な側面である「多忙感」を扱いたいと思います。

まずは、多忙感の分布を確認しておきましょう。次頁の**表2-2**をみると、「仕事に追われて生活のゆとりがない」という質問に対して「とても感じる」という回答が３割を超え、「まあ感じる」まで含めると実に７割以上の教員が「生活の

表2-2　仕事に追われて生活のゆとりがない

（%）

	とても感じる	まあ感じる	あまり感じない	まったく感じない	無回答	計（回答数）
小学校	34.3	42.3	21.1	2.2	0.1	100.0（1482）
中学校	32.2	43.1	21.6	2.8	0.3	100.0（1753）

ゆとりがない」と感じていることがわかります。この数値を高いと判断するか、そうではないと判断するかは難しいですが、多くの教員が仕事に追われているようすは理解できます。別のところで議論しましたが（片山 2019）、仕事のゆとりを失うと、子ども理解への不安感が増大するなど、多忙感は日常の教育活動に大きな影響を及ぼすことが明らかになっています。そういった意味でも、多くの教員がゆとりを失っている現状は見逃すことができません。

それでは次に、ゆとりを失っているなかでも、とくにゆとりがない層（＝「とても感じる」と回答した者。以下「ゆとりなし」と表記）に注目して、どういった要因が関連しているのかを検討していきましょう。

前でみた投書から、会議や保護者対応などの業務によって忙しさに拍車がかかっているようすが窺えました。ただし、心理的負担から教員の働き方を検証した研究をみると、小学校と中学校では傾向が異なります（神林 2017）。小学校では、教育活動（生活指導、学校行事、授業準備など）や保護者・地域対応への時間が増えるほど心理的負担が大きくなり、中学校では教育活動、保護者対応や事務業務への時間が増えると心理的負担が大きくなります。そこで本章では、教育活動以外の会議、事務業務と保護者対応に注目し、多忙感＝「ゆとりなし」との関連を検討してみましょう。[3] なお、教育活動における多忙感については、責任の「分有」という視点から3章で扱います。

図2-1から**図2-3**は、会議、事務業務、保護者対応と「ゆとりなし」の関連を示したものです。**図2-1**をみると、小学校では、週の会議時間が2時間を超えると「ゆとりなし」の回答が高くなることがわかります。ここでは示していませんが、「2時間以下」と「2～4時間」とのあいだには統計的に有意な差が認められます。一方、中学校では会議の時間と「ゆとりなし」とのあいだに関連はみられません。中学校では会議が長くなっても、ゆとりに影響は及ぼさないとデータ上はいえます。

事務業務（**図2-2**）をみると、小学校・中学校ともに、事務業務の時間が増大するほど「ゆとりなし」の比率が高くなっていることがわかります。この関連も統計的に有意です。また保護者対応（**図2-3**）

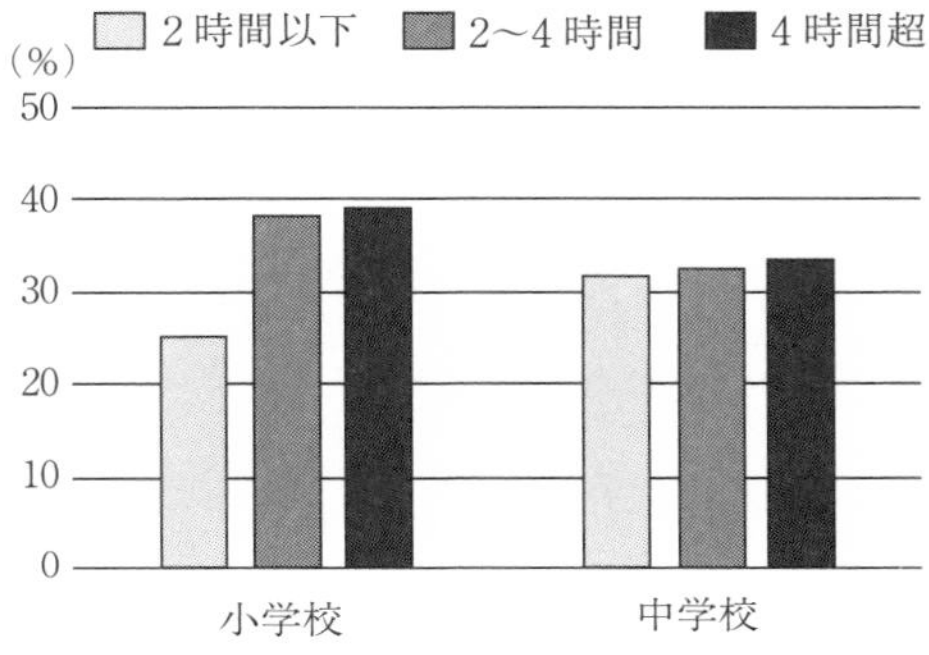

図2-1　会議（週）×多忙感

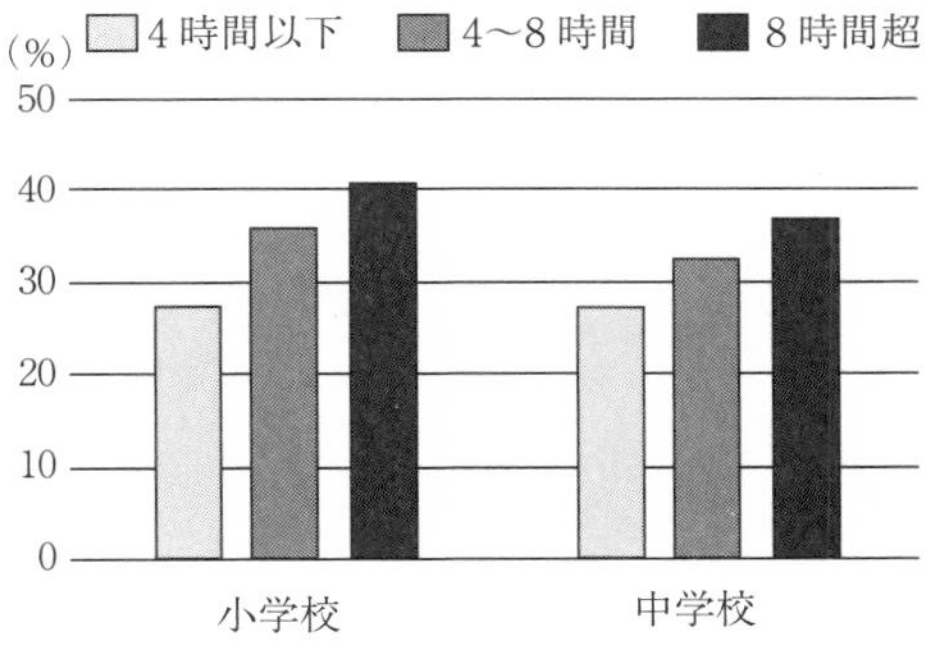

図2-2　事務（週）×多忙感

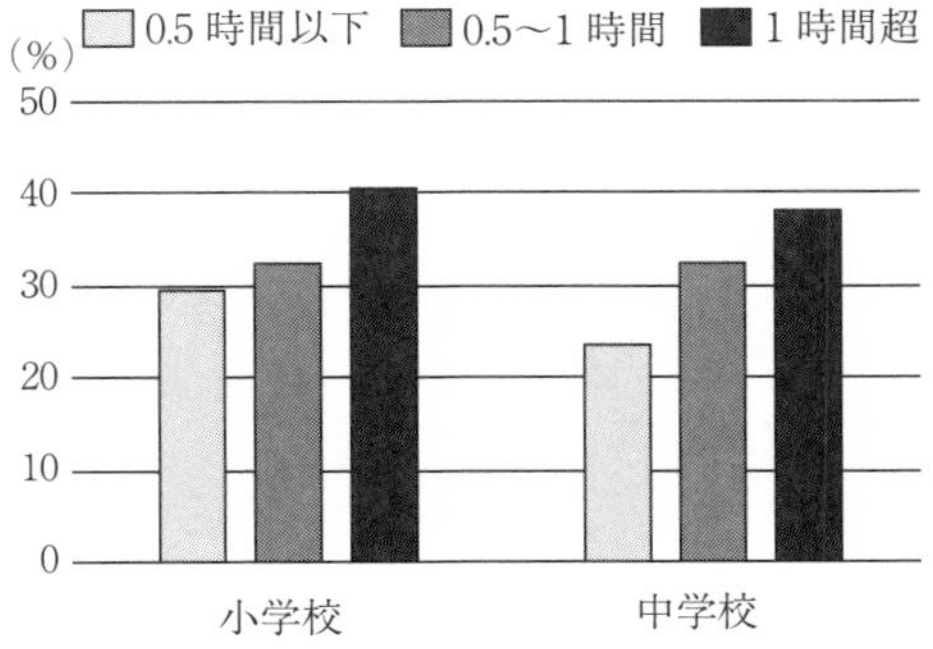

図2-3　保護者対応（週）×多忙感

については、保護者対応の時間が増えると「ゆとりなし」の比率が高くなっています。

以上の結果は、教員の感じるゆとりという心理的側面（多忙感）を基準としたものであり、労働時間そのものではありません。それでも、ゆとりを失わせる要因として会議、事務作業や保護者対応があることがわかります。

ただ、この結果を見ても「それはそうだろう」と思う方がほとんどだと思います。とくに教員の方はそう思われたはずです。この結果から、会議、事務業務や保護者対応の削減という方向で議論を進めることも可能ですが、そうした議論の方向では、教員の方からすれば「そんなことはわかっている」と指摘されるでしょう。そこで、ここではもうひとつ角度を変えて議論を進めてみましょう。それが、この章の最初に示した「管理職」です。

すでにみたように、教員の多忙が社会問題となるなか、管理職のマネジメント能力に注目が集まっています。ただし、マネジメント能力をデータから把握するのは難しいので、ここでは管理職からの「干渉」という側面に注目したいと思います。

図2-4から**図2-6**は、管理職からの干渉と業務の時間の関連を示したものです。なお、ここでは、会議については「4時間超」、事務業務では「8時間超」、保護者対応では「1時間超」をひとつの基準とすることにします。

結果をみると、どの図をみても、管理職からの干渉を感じるほど、会議や事務業務などの時間が増える傾向が確認できます。ただし、統計的にいえば小学校では会議、事務業務、保護者対応に対する管理職からの干渉の影響は有意ですが、中学校では事務業務のみが有意となっています。(4)

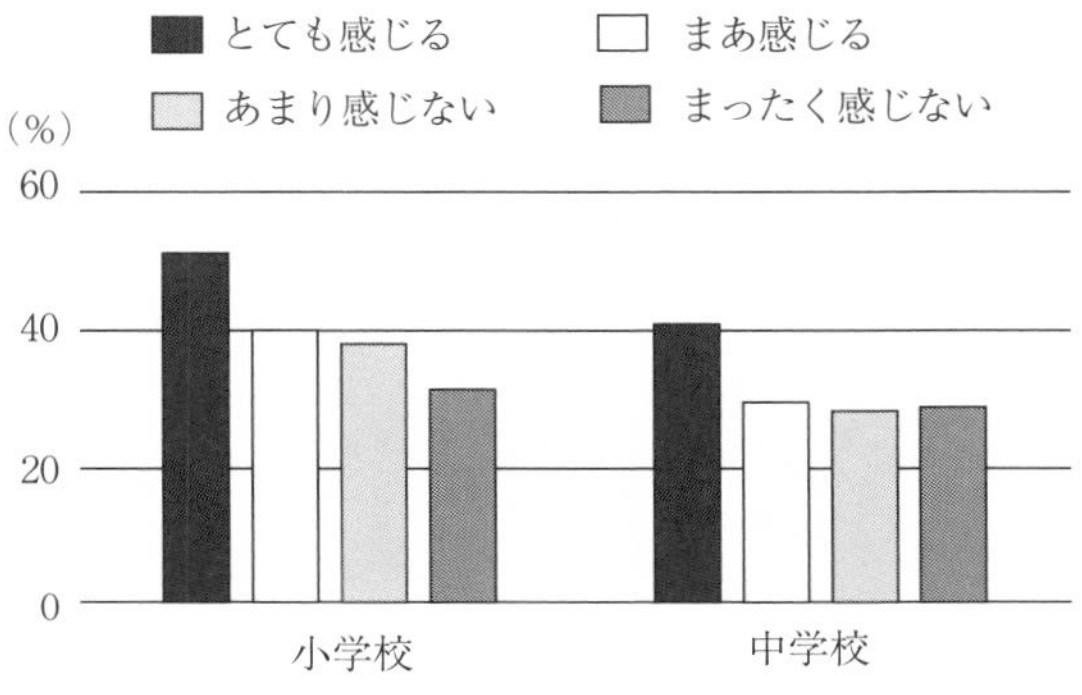

図2-4　管理職の干渉×会議（4時間超）

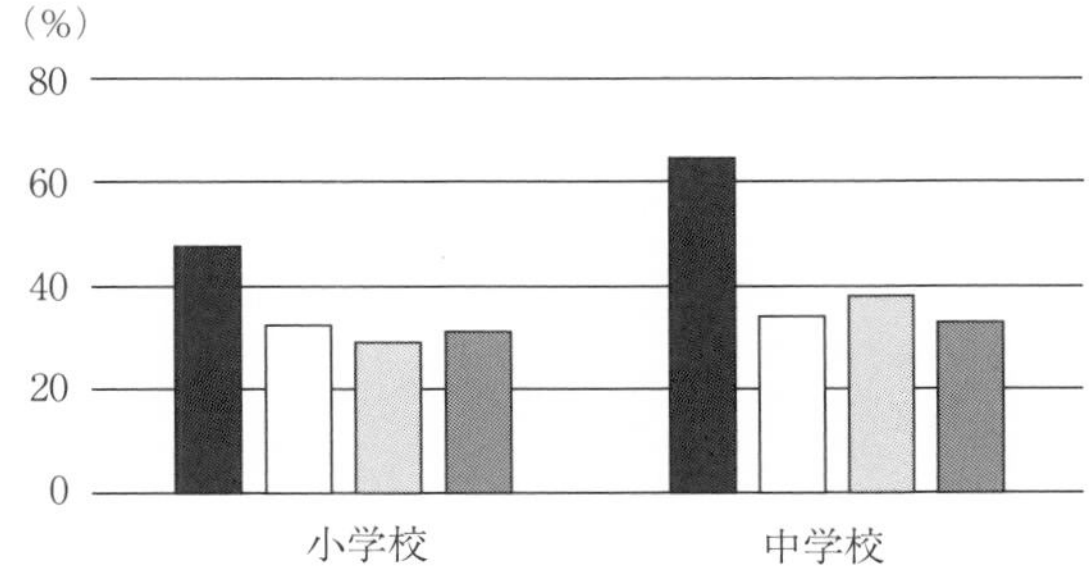

図2-5　管理職の干渉×事務（8時間超）

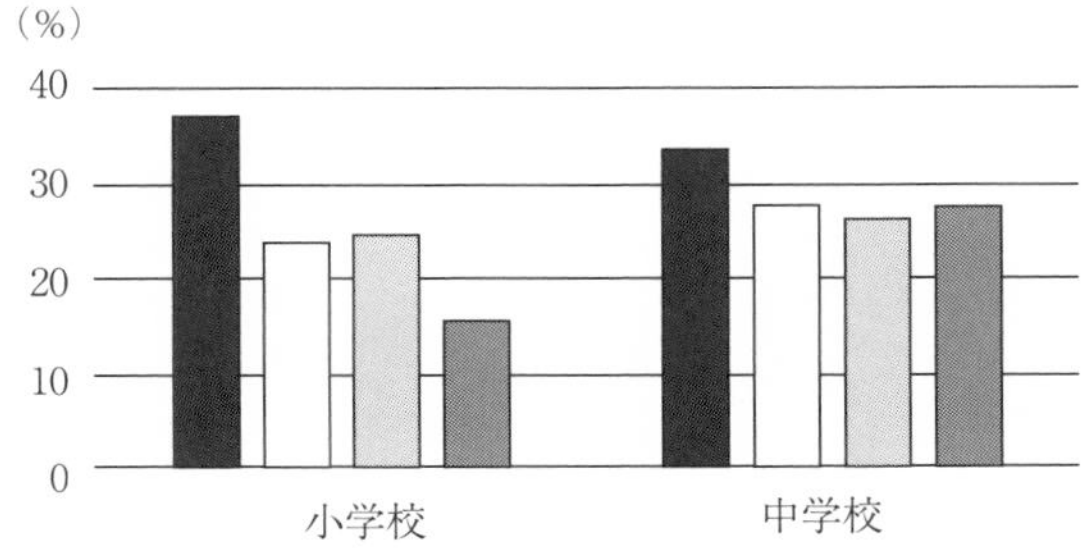

図2-6　管理職の干渉×保護者対応（1時間超）

4　管理職への着目

これまでの分析で、教員の多忙感は、会議、事務業務や保護者対応といったさまざまな業務の時間と比例することがわかりました（図２-１～図２-３）。こうした結果をみると、これらの業務の時間を個々の教員の力量で削減することを考えてしまいますが、単純にそうとは言いきれません。当たり前ですが、学校はひとつの組織であり、業務の時間は組織のあり方で大きく変わります。組織のあり方とひとくちで言っても、学校の規模のように簡単には変えられない側面もあれば、今回分析した「管理職からの干渉」のように変更可能な側面もあります。本書のテーマである「ローカルな実践」から働き方を改善するという文脈でいえば、管理職のあり方しだいで、教員の業務時間が変わる可能性があります[5]。

この章のはじめに元校長の投稿を紹介しましたが、そこでは「職員室の机の上を整理整頓するよう口酸っぱくして言った」とありました。投稿者の方は、良かれと思い「口酸っぱくして言った」のだと思います。ただ教員からすれば、そうした気持ちも余計な干渉に感じ、かえって負担感になっていた可能性があるかもしれません。このように言うと、管理職は干渉しないことがよいというふうに受け取られそうですが、それもまた問題でしょう。というのも、管理職は教員の働き方のマネジメントをする必要があるからです。では実際、管理職はどんなことをすればよいのでしょうか？　それは枚方市の実践を扱った5章で紹介したいと思います。

その際、注意すべきことがあります。それは小学校と中学校の違いです。小学校では管理職からの干渉が、会議や事務業務などのいずれの業務の時間にも影響を及ぼしていましたが、中学校では管理職からの干渉の影響は限定的です。つまり、小学校では管理職のあり方を変えれば働き方の改善につながる余地が大きい一方、中学校の場合は限定的である可能性があります。小学校や中学校などの校種の違いに目配りした議論が、これまで以上に必要となってくるでしょう。

注

（１）配付にあたり、職階、年齢、性別、担当教科・学年に偏りがないよう学校長に依頼しました。

（２）調査実施や結果概要については、下記のＵＲＬをご覧ください。https://www.aichi-edu.ac.jp/center/hato/mt_files/p4_teacher_image_2_160512.pdf

（３）授業準備や生活指導・生徒指導が教員の「ゆとりなし」に影響を及ぼしていることは、この章で使用するデータからも確認できます。たとえば「授業の計画や準備」の時間が増すと、小学校と中学校の教員ともに「ゆとりなし」の比率が増え、また「授業以外の子どもへの指導」の時間が増すと、中学校の教員で「ゆとりなし」の比率が増えています。こうした結果から、これまで教員が当たり前ように行ってきた教育活動の見直しが急務であるといえますが、本章の主題は管理職の役割であるため、授業準備や生活指導・生徒指導については扱いません。

（４）なお、管理職からの干渉と「授業の計画や準備」や「授業以外の子どもへの指導」の時間との関連を確認しましたが、小学校と中学校ともに、統計的に有意な関係はみられませんでした。

（５）分析結果は省略しますが、学校の規模、教員の個人的特性（年齢など）や学級担任の有無といった要因を考慮（統計的にいえば統制）しても、管理職からの干渉は業務の時間（会議、事務業務、保護者対応）に影響を及ぼすことが確認できます。

参考文献

神林寿幸（2017）『公立小・中学校教員の業務負担』大学教育出版
片山悠樹（2019）「『子ども理解』を妨げる教員の多忙感――中学校教員を事例に」『愛知教育大学研究報告・教育科学編』第68号、pp. 51-58

第3章

「責任者は学級担任」が生み出す多忙

寺町晋哉（宮崎公立大学）

1　初任者の働き方から多忙をとらえる

1－1　初任者の多忙な日々

表3－1は、筆者がインタビュー調査を行った小中学校の初任者の平均在校時間をあらわしたものです（表中の名前はすべて仮名）。彼／彼女らは一日あたり約12～14・5時間働いており、労働時間は月の時間外労働80時間以上が指標とされる「過労死ライン」を超え、心身の健康被害が懸念されます。ここに持ち帰り仕事や休日出勤、中学校であれば土日の部活動指導も加わります。

教員の労働をめぐる議論で注目されやすい部活動のない小学校でも、在校時間は長い傾向にあります。また、少人数学級による労働時間の短縮を期待する議論もありますが、表を見てわかるように、学級規模が20人前後であっても、長時間労働の傾向は変わりません。学級規模を小さくすればおのずと長時間労働が改善するというものでもないようです。

表3-1　初任者の担当学級と１学期の平均的な在校時間

	調査時期	学校段階	担任学級・学級人数	出勤時間	退勤時間	在校時間
吉川先生	2018夏	小	4年生・17名	7：00	20：00	13h
今津先生	2018夏	小	4年生・40名	7：00	19：00	12h
浜田先生	2019夏	小	4年生・35名	7：00	19：30	12.5h
林先生	2019夏	小	2年生・27名	7：30	21：00	13.5h
速水先生	2019夏	小	3年生・24名	7：00	20：00	13h
井川先生	2018夏	中	1年生・27名	7：30	19：30	12h
太田先生	2018夏	中	1年生・23名	7：30	22：00	14.5h
小川先生	2018夏	中	1年生・35名	7：30	20：30	13h

筆者がインタビューを行った初任者たちの悩みや困難は、１９９０年代の研究で指摘されていたものと類似していました。つまり、過去20年以上にわたって初任者の働き方は変化しておらず、解決の糸口が見つかっていないといえます。教員になるための通過儀礼として、初任者の長時間労働が「当たり前」として見過ごされたままでは、その後長く続く教員生活のなかでも長時間労働が「当たり前」となるおそれがあります。

この章では、主に小学校での働き方に着目します。キーワードとなるのは「責任者は誰か」と「子どものため」です。部活動がない小学校でも教員は非常に多忙ですが、その理由は学級担任制にあると筆者は考えています。学級担任制である小学校では、多くの授業と学級経営を同時に担任教員が行いますが、そのことが教員の労働を質量ともに増大させていくことに、初任者の働き方から迫っていきます。

教科担任制である中学校でも、多くの教員は学級担任として働くので、担任制の問題と無関係ではありません。そのため、本章では担任業務について語る中学校教員も扱います。

1―2　いきなり「一人前」の初任者

教師の働き方をめぐっては、給特法や労働時間がよく注目されますが、入職直後の働き方も独特です。「学校の先生」として初めて仕事するにもかかわらず、入職して約1週間後には新学期が始まり、学級経営、授業、児童・生徒指導、保護者対応、その他の担任業務など仕事の大半を初任者一人で対応していく必要があります。「1年目であろうがベテランであろうが、一人の教員」として、入職直後から他の先輩教員と同等の責任や地位を与えられます。「一定の研修を受けてから」「順を追って段階的に」といった働き方ではないのです。

職務を果たす際、その「質」に焦点が当たります。授業や担任の職務をたんに遂行するだけでなく、「子どもたちの学習を保障できているか」「安心して学級で過ごせているか」など、その「結果」や「内容」が問われることになります。つまり、職務を割り当てられるということは、担当する学級や授業の「質」を保障する「責任者」になるということです。

とはいえ、さすがに最初からすべてを初任者一人でこなすことは想定されておらず、管理職や先輩教員、初任者研修の指導教員などのサポートのもと、「できないこと」を少しずつ減らしながら、滞りなく仕事ができるよう支援を受けます。2年目以降の教員と比較しても、困難を抱え込まないよう積極的に周囲へ頼ることが推奨されています。「できないこと」や困難を周囲に共有することがもっとも容易な立場にあるのが初任者であり、2年目以降の教員と比べても、学級経営や授業に対して他者が関与しやすい存在でもあります。

２　「責任者」としての学級担任

２―１　「担任の働き方しだい」という落とし穴

インタビューで、初めての１学期を終えた感想を聞いたところ、ほぼ全員が口を揃えて「大変だった」と語っていました。どのような仕事でも「初めて」は大変ですが、初任者教員はほぼすべての仕事が初めてにもかかわらず、膨大な業務量を先輩教員と同じようにこなさねばなりません。小学校は毎日、複数の授業内容を新たに準備する必要があるため、とくに苦労がともないます。

精一杯に職務をこなしている初任者も、「質」を保障する「責任」を求められています。次の語りは、速水先生が初任者指導教員から受けた助言の内容です。

速水　「（初任の）どの先生もよく頑張ってる。でも、あなたのクラスが一番、学級崩壊になる危険のある子どもがいるクラスだ」って言われてます。悪いっていうわけじゃなくて、「そういう子がたくさんいるから2学期も気をつけてね」みたいな。

――どういうところを？

速水　わかりやすい授業をするとか、基本はそこ、みたいな。

「学級崩壊に気をつける」のは速水先生であり、「学級崩壊」を防ぐか否かは速水先生が「わかりやすい授業」をできるかどうかしだい。それによって速水先生が「学級崩壊」を防ぐ「責任者」として位置づけられています。指導教員自身が「学級崩壊」の危険性に対して、どのような役割を担うかは提示されていません。

同様のことは浜田先生も語っていました。1学期を終えた浜田先生の「学級の課題」は「児童たちが切り替えできないこと」でしたが、それに対する指導教員の助言はやや「結果論」のような助言でした。

浜田　初任者担当の先生からは、「小さな手遊びとか姿勢とかでも、４月はびしばし指導していくべきだったね」って言われて。

――「（いまさら）そんなん言われても」みたいな（笑）。

浜田　「そんなん知らないし」と思って、４月（の時点では）。「それ、４月の最初に言ってほしかったな」って思いながら。

指導教員は「学級の課題」の原因を、浜田先生が4月に「びしばし指導」していなかったことに求め、部外者のような指摘を行っています。

「学級崩壊」や子どもたちが「切り替えできない」ことで困るのは、担任の初任者だけではありません。子どもたちを落ち着いて学習できない（あるいは安心して過ごせない）環境にさらすことにつながります。それを緩和するために、指導教員も責任を持って「（学級崩壊につながりそうな）そういう子」に対応することや、「切り替えできる」ようサポートすることも可能なはずです。ところが、指導教員から与えられたのは「最終的には初任者の対応しだい」といった助言のみであり、初任者が「責任者」になっています。仮に速水先生の学級が「崩壊」したとしても、「わかりやすい授業」ができなかった速水先生に「責任」が求められるかもしれず、指導教員が直接その「責任」を負うことはありません。

指導教員たちが無責任であると糾弾したいわけではありません。恒常的に指導が可能な初任者指導体制でもない限り、指導教員の観察や指導の頻度は限定的にならざるをえず、他の学級に「責任」を持つことは難しいでしょう。結果として、現状の指導体制では担任である初任者が「責任者」とならざるをえないのかもしれません。しかし、その結果として、学級経営や授業の「質」を担保するのは「担任の働き方しだい」になります。

3　「子どものため」という「やりがい」

教育の「質」の保障が「担任の働き方しだい」になることは、教員の業務を増加させやすいですが、それがかならずしも常に負担となるわけではありません。教員みずからが考える「子どものため」の授業や指導を実現できれば、教員自身の「やりがい」につながります。

「子どものために必要なもの」「学級がより良くなるもの」には、「ここまでやればよい」という「切り」がないので、教員の仕事を際限なく増やしますが、みずからが必要と判断したものであれば負担に感じないこともあります。小川先生は、学級経営を非常に重視し、その一環として学級通信を一年間休むことなく毎日（時には一日に二度）発行しつづけていました。

――（毎日学級通信を書くことは）しんどいわけじゃないんですよね？

小川　そうですね、書くこと、こういうのは好きで、（自分が）「好きなんやな」ってのもわかりますし、「いま言わんとあかん」っていうのもあるし、自分が客観視できる。

小川先生は、学級経営に必要なツールとして学級通信に積極的な意義を見いだし、一日の業務の中に通信の作成作業をうまく組み込みながら発行しつづけていました。そのことで授業準備が滞るといった問題も起きておらず、学級担任の裁量を活かしながら自主的に取り組んでいます。「学級のために必要」と考えているからこそ負担感も少なく、充実しているようすが窺えます。

「担任の働き方しだい」だからこそ、担任教員の裁量によってそれぞれ特色の異なる学級経営が可能になり、その「結果」によって得られる心理的な報酬もあります。「子どものため」を考えてさまざまな取り組みを行い、学級経営に試行錯誤した結果、「先生（のクラス）で良かった」という評価が得られたならば、教員自身も「教員をやっていて良かった」と思うことができ、多忙で困難の多い教職生活を乗り越える原動力ともなります。他の誰でもない、自分自身の教育実践が子どもや保護者から承認されることは、教員の大きな「やりがい」のひとつです。これは「責任者は学級担任」という原則のもとだからこそ得やすいものといえるでしょう。

4　「子どものため」に悩んでしまう

一方で、「責任者は学級担任」という原則は、子どもの「課題」を教員みずからの「責任」として抱え込んでしまうリスクをともないます。

速水　「ああ、私の責任もあるのかなあ」とか思ったりして。
――その（教室に）入れなくなっちゃった子？　なんか思い当たることが？

速水　ないんですけど、でも2年生までそんなことなかったけど、3年生でそうなった（教室に入れなくなった）から、なんかもうちょっとフォローが必要だったかなあとか思って。他の先生に相談したら、「いや、（あなたは）悪くないよ」とは言われるんですけど。「あのとき、どうしてたらよかったかなあ」とかは考えますすね。

一緒に対応していたスクールカウンセラーも苦慮しており、先輩教員も「いや、（あなたは）悪くないよ」と助言し、速水先生もそれは理解しています。そして「思い当たること」はないにもかかわらず、

「私の責任もあるのかな」「あのとき、どうしてたらよかったか」と、自分の対応に失敗があったのではないかという「責任」を感じています。

子どもたちの状態は毎年リセットされるわけではなく、それまでの子どもどうしの関係や教員との関係が蓄積していきます（太田ほか 2016）。また、家庭環境や地域社会の変化も、子どもの心理や関係性に影響するでしょう。学級や子どもの課題の原因すべてを担任のみには求められませんし、求めるべきではありません。しかし、担任が「責任者」だからこそ、担任の働き方しだいで子どもたちの状態が左右されると担任自身が感じ、さまざまな対応を思案しなければならず、その対応が「失敗」と感じたなら、みずからの「責任」として悩みを抱えつづけることになります。

5　担任の「代わり」がいない

日本の学校では、「学級」を担任教員と子どもたちで形成していくため、学級がひとつの「感情共同体」のようになり、担任と子どもたちの関係も濃密になる傾向にあります（柳 2005）。つまり、担任教員と学級の結びつきを強くします。だからこそ、担任教員の「代わり」を他の教員が務めることは簡単にできません。

速水　保健室から電話がかかってくるんですよ、「いま（子どもが）来ましたよ」とか。で、来たら

「やっぱ（保健室へ）行かなきゃな」ってなるので。でも、その休み時間のあいだにやりたいこともあるわけですよ。（プリントの）丸付けもだし、さっきの授業のわからなかったところをちょっと（子どもを）呼んだりもしたいけど、（保健室に）「来た」って言われたら行かなきゃいけない。

速水先生の語りから、自分の「代わり」がおらず、八方塞がりになっていることがよくわかります。ここで「保健室へは他の教員が迎えに行くべきだ」と考える人は少ないでしょう。速水先生も「行かなければならない」と感じており、おそらく子ども自身も、速水先生が迎えに来ることを期待しています。なぜなら、速水先生が担任だからです。仮に別の教員が迎えに行った後に、その子がこれまで以上に教室へ入れなくなった場合、速水先生は（自分が行かなかったことが理由ではなかったとしても！）みずからの対応の「失敗」に苦悩したり、みずからを責めたりするかもしれません。

学級ではさまざまなできごとが起きますが、この速水先生の語りのように、時にそれらが同時に押し寄せることも多々あります。対応せねばならないことが山積することもあるでしょう。ところが「責任者は学級担任」という原則のもとでは、多くのできごとについて「担任が対応する」ことを前提にするため、「手の空いている人が代わりに対応する」といった柔軟性を働かせにくくなります。つまり、どうしても担任教員が仕事を抱え込んでしまうことになるのです。

学級の子どもたちとの関係が悪化した場合、「代わり」がいないことは初任者を追い詰めます。中学校教員の井川先生は、2学期の終わりごろ、学級の子どもたちから学級経営に対する不満をぶつけられました。

井川　（週末の）朝の会の前に（生徒から）呼び出され。子どもたちから私に対する不満がガン！って来て。「学級のことでいろいろ不満に思ってることとかあるんです」って、わーって話され。自分は子どもたちのためにいろいろ聞いてやってたつもりだったけど、子どもたちからするとそれは「なんで？」みたいな。授業も上がれず（担当できず）、主任に話して「私もう上がれません」、（授業に）「出れないです」って。「すみません」って。

井川先生は、次の月曜からなんとか教壇に立ち、2学期を乗り越えた後、3学期以降は子どもたちとの関係を立て直すことに成功します。しかし、子どもたちとの軋轢《あつれき》が解消されなかった場合、井川先生にとって相当な負担になっていたでしょう。だからといって、井川先生の「代わり」に2学期の終わりから他の教員が担任となることも簡単ではありません。

6　他学級を見て仕事が増えてしまう

学級の状態は「自分の働き方しだい」と思うことは、担任する学級だけの問題にとどまりません。同僚の担任する他の学級を見てしまうためです。

浜田　（4月5月は）常にいらいらして。他のクラスができてるのを見てしまうと「（なぜ隣のクラスは）できてるのに（自分のクラスは）できないの？」みたいな。

浜田先生は、ベテランが担当する他学級と比較して「（自分のクラスは）できない」ことにいらだちを募らせています。浜田先生は、落ち着きのない「大変な学年」と呼ばれるクラスを担任し、大きな問題もなく1学期をやり遂げ、保護者との信頼関係も形成できていたようすがインタビューからも窺えました。初任者としては十分のように思えます。4〜5月の時点では入職直後なわけですから、学級経営が未熟なことも当然です。それでも、隣のクラスが「できてる」ことを基準に、みずからの学級経営が「できてない」ことが気になるわけです。

「できてない」状態を改善するために、他学級の取り組みを参考にしたり、先輩教員から学級経営や授業に効果的なアイデアを教えてもらったりすることもあるでしょう。学級経営や授業が未熟な初任者であれば、こうした先達のアイデアや取り組みを「（学級の）子どものため」に、できるだけ取り入れるかもしれません。ただでさえ、初任者（というより教員全般）は「子どものため」に仕事が増えてしまいがちですが、他学級を見ることでさらに仕事が増えてしまいます。

仕事が増えても、「やりがい」がともなえば精神的な負担感は少ないはずですが、そうでなければ負担感は増します。学級通信の発行に「意義」を見いだせず、「苦痛でしかない」と感じる太田先生にとって、先にみた学級通信を積極的に発行する小川先生のような存在は非常にプレッシャーとなります。

太田　やっぱり他の先生方が（学級通信を）やられてるので、「なんでC組だけ少ないの」となるからですね。私と2年生の先生のお一人がすごい忙しい方で、私とそこ（のクラス）があんまり出せなかったんですけど。ちょっと救われたって感じです。あんまり出せてないところが二つあるからってことで。

——1学期に何枚くらい書いたんですか？

太田　ぜんぜん書いてないですね。10回くらいしか書いてないですね。何の意義があるのか、私もよくわかんないですけど、もう苦痛でしかないんですけど。

他の初任者と比較しても太田先生は長時間労働だったため、筆者は何度か「無理に発行しなくてもいいのでは？」と提案しましたが、「他の先生方がやられてる」ことを理由に「発行しなければならない」と太田先生は考えていました。「なんでC組だけ少ないの」という非難も、同僚教員や保護者が実際に発言したわけではなく、太田先生自身がそう考えていただけです。さらに、「ぜんぜん書いてない」と言いながらも、1学期中に「10回くらい」は発行しています。太田先生は、他の学級を基準に学級通信の発行回数が「少なかった」と認識し、「もっと発行するべき」という義務をみずからに課していたのです。

ここで「学級通信に意義があるか否か」は主要な問題ではありません。どのような教育実践であっても、なんらかの「意義」は存在し、ある実践を重視する度合いの濃淡は教員によって異なります。だからこそ、担任教員の裁量によってそれぞれ特色の異なる学級経営が可能になります。しかし、ここで見たように、ある教員の真摯な教育実践は、他の同僚教員に意図せずプレッシャーを与えることになり、仕事量を増加させるおそれがあるのです。

７　「成長」のための手立てを自分で決められない

７−１　授業改善の困難さ

初任者たちは、日々の仕事に追われながらも授業準備の時間を捻出し、手探りの状態で授業を行っていました。限られた時間のなかでも、授業改善へ向けた努力の必要性を初任者たちは認識しています。ところが、日々の働き方からわかるように、ほとんど空き時間がないため、先輩教員の授業を見学する時間も限られ、他の教員たちも自分の業務があるため、日常的な助言を受ける機会も多くありません。

また、授業改善には反省的な振り返りが必要不可欠ですが、ひとつの授業を終えた後に最優先で行われるのは、次の授業の準備と担任業務です。授業改善の努力や授業経験を蓄積することが困難になるほど、時間も業務量も余裕のない状態に置かれており、限られた時間を捻出しながら授業改善に努めているのです。また、次年度に同じ学年を担当する可能性は低く、同じ教材を用いた授業経験を蓄積することも難しいでしょう。つまり、授業改善を行い「質」の向上をめざしたくても、なかなかできない状況に初任者は置かれています。

7–2「できるようになる」ことを求められる

ところが、初任者が授業の「質」を保障する「責任者」であることは変わらないため、自力で「できるようになる」ことが求められます。小学校の低学年から勉強についていけず、相当な支援を要する子どもへの対応に速水先生は苦慮していました。

速水　私一人じゃ無理です。あと一人いれば。TT（チームティーチング）とかでもいいから、1時間でもいいから、あと一人（教員が）いれば回るのになって。できない子にもうちょっと（支援）できる。でも「それができるようにならなきゃダメ」っていうことを、さんざん研修で言われるんですけど。だって朝来て、すぐ授業始まるし。その時点で（授業内容が）わかってないから。こっち（学級全体へ）は授業しなきゃいけないじゃないですか。でも、こっち（つまずいている子）は戻って教えなきゃいけないじゃないですか。そういう子が2人ぐらいいたら、（授業冒頭に復習してから）始まるんですけど。いつも（準備が）ぎりぎりなので、そう毎回は。

速水先生は、授業準備や宿題チェック等の担任業務をこなしながら、休み時間に学習支援を要する子どもを個別に呼び出し、授業中も机間指導を丁寧に行うといった工夫をしていました。それでも「一人では無理」と、学習指導に限界を感じています。先述したように、初任者たちは通常業務をこなすだけでも精一杯であり、授業改善を行おうにも時間や手立てがそもそも限られています。ところが研修では

「できるようにならなきゃダメ」(傍線部)と、教員一人でも授業を成立させることを求められています。

速水先生が直面するような学習支援の困難を、一人で克服できる教員がどれほどいるのかは措くにしても、速水先生が「できるようになる」まで、当の子どもは不十分な指導しか受けられない可能性が高くなります。しかし、そうしたリスクに対する具体的な支援はなされないため、速水先生が「できるようになる」まで授業改善に努めることが求められます。つまり、授業の「質」を担保するためには「担任がいかに授業改善に努めているのか」が論点とされ、仮に授業の「質」が不十分だった場合、「担任の努力不足」として担任個人の「責任」となるおそれがあるのです。

7-3 「学び」の機会が生み出す多忙

授業の「質」は「担任の努力」と結びつけられやすいですが、どのように努力するかを担任一人が決められるわけではなく、とくに初任者は、さまざまな研修の機会が設定され、そこでの「努力」や「成長」を周囲から求められます。そして、そのことが多忙を加速させます。

林 「これが忙しい理由だ」っていうのがあって。(研修の一環で)毎週1回、ちゃんと板書計画とか発問計画とかそういうのを作って(指導教員に)見てもらうっていうのがあって。それで毎週忙しかったなって。それが、かなり自分にとってけっこう週末の負担でした。

こうした研修を通じて入念に準備した授業の手応えを林先生自身も認識しており、教師としての「学び」や「成長」につながる側面もあるでしょう。また、発問や授業展開、板書構成などの授業の不十分さを改善する側面もあります。しかし、研修は日々の宿題チェックなどの通常業務に支障をきたすほどの負担であり、研修対象以外の授業や担任業務を十分に果たせない状態に林先生を追い詰めていました。林先生も試行錯誤をくりかえしながらも、円滑に業務を遂行できないことに苦悩していました。

もうひとつ、「学び」の機会として代表的なものが、初任者研修や勤務学校内で設定される研究授業です。初任者たちが経験した研究授業の大まかな流れは共通しています。特定の授業が単発で行われ、詳細な指導案を準備し、指導教員・同僚教員や他学校の教員たちが見学して、授業後に助言が行われます。通常業務に加えて、指導教員や先輩教員からの助言のもと、入念な準備が行われる一種の「イベント」であり、それゆえに担当教員の負担も相当なものです。

林　研究授業を、普通の授業プラス、密案（詳細な学習指導案）を何度か再提出とかくりかえすとか……（中略）初任者指導教諭の先生が厳しめじゃないけど、けっこう丁寧に見てくださる先生で。研究授業の指導案も提出日をすごい早めて、提出を3回に分けてとか。

初任者たちは授業準備や授業をこなすだけでも手一杯ですが、そうした状況が考慮・調整されることはなく、通常業務に追加する形で研修が課されるため、初任者にとっては大きな負担となります。

8　「子どものため」に「責任」を分有する

8—1　「いまここ」の子どものために

本章では、初任者の働き方から学級担任制のもつ性質について考えましたが、問題は初任者の多忙や負担だけではありません。何より危惧されるのは、子どもたちが不十分な教育を受ける可能性が高くなることです。そもそも、初任者に限らず、教員が一人で学級担任業務と授業を遂行する現在の制度設計は非常に無理があるといえます。本章で取り上げた初任者たちも、常に業務をこなすことで精一杯であり、授業改善はおろか通常業務もままならないこともありました。

こうした業務の大変さや多忙は、これまでは初任者の「通過儀礼」の一種として位置づけられていたのかもしれません。しかし、準備が間に合わない不十分な授業や、学級経営が円滑でないことの皺寄《しわよ》せは、すべて子どもたちへ向かうことになります。初任者自身も「できない」ことを自覚しており、試行錯誤していますが、そこで提供される助言は「ゆくゆくはできるようになること」という、初任者の未来へ向けた要請です。つまり、「いまここ」での不十分な教育実践に対する手立てではなく、子どもたちを不十分な教育にさらすことへつながります。また、近い将来「できるようになる」かもしれないとしても、「いまここ」での「できない」事態に対する初任者の苦悩は解消されません。そうした苦悩と折り合いをつけていくことも「経験」なのかもしれませんが、真摯な初任者ほど簡単には折り合いをつけられず、苦悩を深めることになるでしょう。

8―2 「責任者」を複数にする

学級担任制は、学級全体の「責任」を担任教員個人へと紐付《ひもづ》けてしまうため、本章で扱ったような多忙や困難、過度なプレッシャーが生じてしまいます。したがって、ひとつの解決策として、「責任」の紐付け先を複数の教員にする制度改革が有効と考えられます。たとえば、兵庫県丹波市の中央小学校では、4・5・6年生の4学級を教員5人で担任し、教科担任制を取り入れた制度運用を行っています（「担任の先生がいない？　小学校で教科担任制を導入『自分で考える子育てる』」丹波新聞2020年8月3日）。

複数担任制であれば、2節で登場したような「学級崩壊」や「切り替えできない」学級の予兆に初任者が対応できなかったとしても、経験のある教員が対応することができます。授業も同様です。学級担任制では、ある初任者の指導が不十分であった場合、その授業を受ける学級が固定されてしまい、改善には教員の「成長」を待たなければなりませんが、複数の教員が担任していれば、初任者の授業を共同で補うことができます。

学級への責任を複数の教員で分有するようになれば、教員の急な欠勤にも対応しやすくなり、勤務時間を柔軟にすることも可能でしょう。たとえば「早番」「遅番」のような勤務体系を組むことで、放課後に保護者へ連絡することなども無理なく対応できます。

学級担任は教職の醍醐《だいご》味《み》の主役とも呼べるほど、多くの「やりがい」をもたらします。一方で、その

「やりがい」ゆえに仕事量が増加したり、周囲から努力を求められたりし、疲弊してしまうこともあります。それが結果として「子どものため」にならないおそれもあります。長年、学級担任制度を大原則として運用してきた学校現場にとって、その制度の変革を試みることは、大きな戸惑いを生む可能性が高いでしょう。しかし、少なくとも「初任者から一人で学級を担任して当然」との前提は、見直すべき時期に来ていると筆者は考えています。

参考文献

太田知実・榎景子・元島ゆき・山下晃一（2016）「学校組織における『困難を抱える初任教員』への支援と本人の解釈との〝ズレ〟に関する事例研究：ある公立小学校教諭の入職一年目における語りを手がかりに」『研究論叢』神戸大学教育学会、第22号、pp. 15－28

柳治男（2005）『〈学級〉の歴史学』講談社

［追記］　本章の内容は、寺町晋哉（2022）「小学校初任者教師の困難は何か？」『宮崎公立大学人文学部紀要』宮崎公立大学人文学部、第30巻第1号、pp.49－64（予定）の内容を加筆修正したものです。

COLUMN 1

部活動外部委託化から考える教師の「多忙」と「働き方改革」

岸上直樹（東京都 私立小学校教員）

1 教師の仕事は「忙しい」

多くのメディアで教師の働き方についての問題提起がされたおかげで、「教師は忙しい」という認識や言説は、社会的に自明視されているといっても過言ではありません。私も小学校で教師をしていますが、その仕事内容は多岐にわたります。授業準備や教材研究、毎日児童から提出される宿題や課題のチェックなど、日々の子どもたちの学習に関する業務はもちろんのこと、学期末はテスト作成や成績処理、所見文作成、面談の準備などがあります。さらに、運動会や発表会などの行事が近づくたびに、夜遅くまで学校に残って準備をしなくてはなりません。それと並行して、教室内の整理整頓指導や給食指導、毎日のように起きる児童どうしのトラブル対応なども行っています（細かいものまで挙げるとキリがありません）。児童の下校後も、保護者の方からのご連絡をいただいたり、研究会に参加するため出張をしたり、書類を作成したり、日中に手がつけられなかった残務に取り組んだりと、一日中動きまわる毎日です。このように教師の仕事は、量もさることながら、その業務内容のバリエーションもとても多様です。本来は複数人で分担するべき仕事を一手に引き受けている、そんな気さえしてきます。もちろん、業務内容については学校種や地域の差、公立・私立などで違いがあるかもしれませんが、どの先生も日々「多忙」を感じながら教職に従事している点は共通しているのではないでしょうか。

だからといって、この仕事はつらいことだけではありません。日々の子どもたちとの時間は驚きや発見に満ちていますし、彼／彼女らとのやりとりのなかで、大きなやりがいや幸福を感じることも多くあります。児童・生徒の変化に気づくと、それまでやってきた多くの仕事が一気に報われるような気もします。そのようなこともあり、私はこの教師という仕事が好きです。おそらく、多くの先生も私と同じく、多忙といわれる教師の仕事のなかに、それぞれのやりがいや意義を見いだし、日々の児童・生徒との時間をそれなりに楽しんで過ごされていることと思います。逆に、この仕事にそういった楽しみを見いだすことができないとすれば、それはかなりつらい状況だろうな、とも思います。

2　学校の「働き方改革」、本当にそれでいいですか？

しかし、いくら「やりがい」があるからといって、現在の教師の多忙問題をそのままにすることはできません。文部科学省の「令和2年度　公立学校教職員の人事行政状況調査について」を見てみると、令和2年度に精神疾患による病気休職者数は5180人（全教職員数の0・56％）。それだけの方が精神的に疲弊してしまう労働環境には改善が必要です。

このような教師の多忙状況を解消するため、文部科学省や地方自治体の主導のもと、さまざまな解決策、いわゆる「学校の働き方改革」が取り組まれています。たとえば、教員の労働時間を正確に把握するためにタイムカードが導入されたり、17時以降に学校にかかってきた電話には翌日対応できるよう留守番電話が職員室に設置されたり、また、教員業務支援員を導入し仕事の分担・効率化を図ったりなど、具体的な取り組み事例も多数見受けられるようになりました。このような一連の「学校の働き方改革」は意義のあるものだと私は考えています。われわれ教師も、時代に合った働き方をこれからも追求していくべきですし、それらの取り組みは、翻ってかならず子どもたちのためになると信じています。

ですが、このような取り組みを見ていると、「おや?」と違和感を感じることもあります。その違和感とは、「働き方改革」という名目で着手される取り組みのほとんどが、「時間短縮」や「効率化」など、時間軸に基づく改革ばかりだ、ということです。もちろん、ただでさえ膨大な量の仕事を抱えている教師にとって、さまざまな仕事効率化の動きや労働時間の短縮はうれしいことです。しかし、われわれ教員が日々感じるこの「多忙感」は、このような改革で解消されるのだろうか、と疑問もわきます。

3 問題なのは「多忙化」?「多忙感」?

このような、現在行われている「学校の働き方改革」を評価するにあたり、押さえておきたい視点があります。それは、現在問題になっているのは学校の「多忙化」なのか、もしくは教師の「多忙感」なのか、ということです。なんだか言葉遊びをしているようですが、「多忙化」と「多忙感」は似ているようでかなり異なる概念です。

「多忙化」とは言葉の通り、実際に以前と比べ労働時間が長時間になっていたり、仕事量が増大したりするなど、時間軸に基づく事実としての「多忙」と理解すればいいでしょう。現在の働き方改革の多くは、この「多忙化」を解消するための実践ととらえることができると思います。対して「多忙感」とは、教師の主観に基づいた「多忙」と考えるとわかりやすいでしょう。もっと具体的に言えば、自分としては本意ではない仕事をやらなくてはならなかったり、仕事に対して意義が見いだせなかったりしたときに感じる「多忙」、精神的な徒労感のようなものといえるのかもしれません。

現在学校で問題となっている「多忙」を、このように二つの概念に分けて考えてみると、物理的に仕事量が多かったり労働時間が長かったりすることも事実ではありますが、それ以上に問題になっているのは、教師個人の精神的な疲弊、「多忙感」のほうではないかと思えます。このような精神的な疲弊は、多くの場合、人間関係や仕事上の負担感によって生じている場合が多く、労働時間を短縮するなどの対策だけでは解決が難しいと考えられます。教師の精神的な疲弊を解消するために改革を行うのであれば、なにか別の視点からの「働き方改革」が必要なのではないでしょうか。

そもそも、われわれの感じている「多忙感」とは一体どのようなものなのでしょうか。それを考えるために、中学校における部活動の外部委託化という試みについて見ていきたいと思います。なぜ小学校教員の私が部活動の問題を取り上げるのか、疑問に思う方もいらっしゃるかもしれません。小学校に限らず、学校における働き方改革の動向に疑問を抱いている私は、現在小学校教員を続けながら「教師の働き方」について教育社会学の視点から共同研究を行っています（本書執筆者の粕谷・井筒が共同研究のメンバーです）。そのなかで、さまざまな学校種で働く先生に「働き方」についてのインタビュー調査をしていくうちに、部活動の外部委託化についての疑問が深まっていきました。ここでは、そのひとつの研究成果を例に検討していきます。

4　部活動外部委託化の動き

教師の「多忙」が問題として語られる際に、よく取り沙汰されるのが部活動の問題です。かつては中学校の象徴的な教育活動として認知されていた部活動ですが、近年では教師の多忙状況に拍車をかけている要因として指摘されています。そもそも、中学校における部活動の位置付けは「教育課程外」。つまり、やってもやらなくても良いものとされています。それにもかかわらず、ただでさえ多忙な教員が、部活動指導に平日も休日も多くの時間を使わざるをえない状況が生じている。働き方改革が叫ばれる昨今では、たしかに問題ととらえられても仕方がないでしょう。

このような状況を解消するために、新たな試みが全国で広がりをみせています。部活動の外部委託化です。2020年9月に、文部科学省によって「学校の働き方改革を踏まえた部活動改革について」が提言されました。この提言は、これまで当たり前のように学校内で行われ、教員によって指導されていた部活動を、スポーツクラブなどの学校外部の機関に委託しようとするものです。それによって教員の労働時間を削減し、負担を軽減していくことに目的があるようです。

2022年現在、全国の多くの部活動で外部委託化が始まっています。たとえば名古屋市では「なごや部活動人材バンク」が設置され、小学校や中学校の部活動指導員を積極的に募集しています。一連の部活動外部委託化の動向は、まだまだ始まったばかりではありますが、「部活動は先生が教えるもの」という認識が過去のものになる日もそう遠くないのかもしれません。

たしかに部活動、とくに運動系の部活動は、外部指導員のように専門的な競技知識や競技経験を持ったインストラクターが指導に当たったほうが、生徒の競技レベルを向上させる意味で効果的かもしれませんし、安全面などでも安心できることが多いでしょう。また、教師の側にとってみても、これまで部活動指導に使わざるをえなかった時間を、自身の専門教科の教材研究や学校における校務分掌などの業務に充てることができ、負担はかなり軽減されるように思えます。

5 教師の「多忙感」解消のための制度設計を

このように、一見メリットしかないように思える部活動の外部委託化ですが、慎重に検討しなくてはならない側面もあります。それは、教師の時間的な環境整備、言い換えれば「多忙化」の解消にだけ重点を置くのではなく、現場で働く教師の「多忙感」を解消する視点を内包した制度設計でなくてはならない、ということです。

たとえば、生徒間トラブルや保護者間トラブルが起きた際に、従来の部活動では、もちろん部活動の担当教員がその仲裁業務を行わなくてはなりませんでした。しかし部活動が外部委託された場合、そういったトラブル対応は誰がするのか、どこに責任があるのかというような問題が想定されます。もし責任が従来のように学校にあるとするのならば、教員個人のコントロールができない場面・場所でのトラブルに、担任や部活担当の教員が対応しなくてはならない、ということになります。

これまでも、学校外（登下校中や家庭内など）における児童・生徒トラブルの対応にあたる教師の心的負担の大きさは指摘されてきましたが、同じような状況が部活動下でも生じてしまう可能性は十分にあります。そのため、そういった部活動中のトラブル（怪我なども含めて）が起きた際の責任の所在を、できる限り明確に、かつ、教員の負担感が少ない形で定めなければ、部活動の外部委託化の意味がなくなってしまうでしょう。いくら外部指導員に指導を任せたとしても、いざというときのトラブル対応や怪我の責任は学校（教員）が負うというのでは、教師の時間を捻出できたとしても、トラブル発生時の教員の心的負担（「多忙感」）の面ではあまり意味がないからです。

また異なる視点から考えてみるならば、外部委託は、現在、熱心に部活動指導に当たっている教員が、これまで拠りどころにしてきた「やりがい」や「モチベーション」を消失しない形で進めるべきです。長時間労働の原因として語られる部活動ですが、なかにはやりがいを持って指導に当たっている教員も少なくありません。しかしながら、そのような教員が「ＢＤＫ（部活大好き教員）」と呼ばれ、まわりから疎《うと》まれたり煙たがられたりしてしまうといった事態がすでに生じています。部活動指導に教育的意義を見いだし、熱心に指導に当たる教員が孤立してしまうような事態は避けなくてはなりません。

そもそも、教員の仕事の面白さとは、自分の判断や価値観でこの仕事のやりがいの感じどころを決められることにある、と私は思っています（もちろん、児童生徒にとって教育的意義のあるものでなくてはならないと思いますが）。そして、それ自体が教師の仕事の自律性の根本のような気がしています。やりがいはそれぞれ違っていていい。この大前提が崩れてしまうと、教師という仕事はきわめて平板化された、つまらないものになってしまうのではないでしょうか。

6　教師の「やりがい」を守るための働き方改革を

部活動の外部委託化は、ずいぶんと急進的な改革だと感じる方も多いかもしれません。あるいは、学校が大きな転換期を迎えていることを示す、象徴的な改革であるととらえている方もいるでしょう。部活動を外部委託化するという発想は、教員の時間的な余裕の確保が念頭にあります。しかしながら、部活動問題で解決しなくてはならないのは、本当に時間的な問題だけだったのでしょうか。

たとえば、赴任したての若い教員が競技経験のないスポーツの部活動顧問を強制的に任せられ、保護者やOB・OGとの関係性のなかで心理的負担を感じてしまったり、部活動顧問を積極的に引き受け熱心に指導していた教員が、膨大な学校外の仕事（大会準備や休日の引率など）を引き受けざるをえなくなってしまったりなど、部活動をめぐる問題はローカルな場面でかなりの数生じています。

このような問題は、たんに労働時間などの量的な問題ではなく、もっと根が深い、教員文化特有の問題のように感じます。教員文化、学校文化の抱える問題の根本を無視し、部活動を外部委託化しさえすれば教師の多忙は解消されると考えるのは、少々安直ではないかと思いますし、かえって教師の逃げ道をなくすことにつながらないかと心配もしています。そういった意味でも、教員の「多忙感」を解消するための改革や制度設計が今後ますます必要になってくると思いますし、「なぜ教師は『多忙』を感じやすいのか」という視点からの研究も、より必要になってくると感じています。

私個人の考えとしては、「多忙感」解消のためには、教師の自律性や「やりがい」というものの重要性をあらためて考え直し、制度的にそれを保障する仕組みを構築する必要があると考えています。現在の学校の中で教師の自律性を阻害しているものは何なのか、また、教師の自律性を確保するためにはどういった改革や取り組みが必要なのか。このような視点をもって、一から学校制度を検討し直してみる必要があるでしょう。

第II部

働き方を変えた枚方市の実践

4章と5章で紹介するのは、大阪府枚方市の小中学校における働き方改善に関する実践です。枚方市は、大阪府の北東部に位置する人口約39万人の都市です（府内の人口数第5位）。現在、市内には中学校21校（うち私立2校）、小学校45校（うち私立1校）があります。1950年代から70年代のベッドタウン化にともなう人口増加への対応として、新設校の設立や増築をしましたが、90年代以降は子どもの数が減少に転じ、学級数も少なくなっています。

学校教育に対する枚方市の取り組みとしては、少人数学級編成（小学校）の実施や、英語教育指導助手の配置、英語指導体制の強化などがあげられます。タブレット端末や無線ＬＡＮの整備もいち早く実施し、学校におけるＩＣＴ活動にも積極的に取り組んでいます。また、「平成31年度全国学力・学習状況調査」の結果によれば、市内の学力水準は全国平均を上回っています（『枚方市教育振興基本計画』より）。

4章では同市の教育委員会（事務局）、5章では小学校・中学校各1校を事例に、働き方改善の取り組みの状況を紹介しますが、その前に、教師の働き方改善に関する全国的な状況を簡単に確認しておきましょう。

左の**図**は、「令和元年度教育委員会における学校の働き方改革のための取組状況調査」（文部科学省）の結果の中から「働き方改革に関する研修」の実施状況を示したものです。図中の数値は、各都道府県内の市区町村教育委員会の研修の実施率です。図を見ると二つのことがわかります。ひとつは、教員を

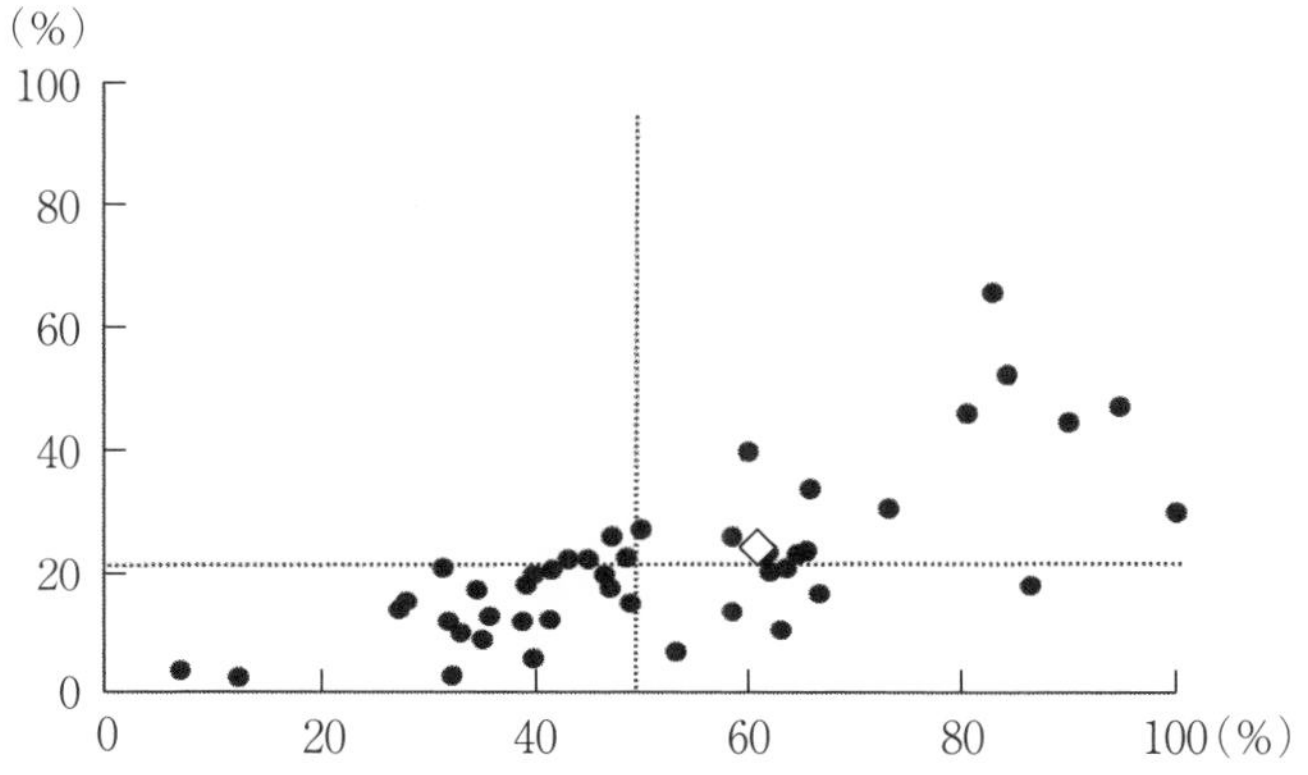

図　働き方改革に関する研修の実施状況（都道府県別）

縦軸：教員を対象とした研修の実施率／横軸：管理職を対象とした研修の実施率
図中の点線は平均値

対象とする研修よりも、管理職を対象とした研修のほうが広く実施されていることです（全国平均＝管理職49・3％、教員20・7％）。もうひとつは地域による違いです。たとえば、管理職対象の研修実施率が80％を超える都道府県が7県ある一方で、4県は30％未満となっています。管理職のマネジメント能力の重要性が指摘されるなか、研修の実施は重要ですが、それでも地域による違いが目立ちます。

なお、本書で扱う大阪府は、全国平均よりもやや高いところに位置しています（図中の菱形）。この図を見る限り、大阪府の働き方改革に向けた取り組みは全国平均をやや上回っている印象はありますが、決して特殊な事例ではありません。特別な改革を行わなくとも、身のまわりを見直すことで働き方は改善されます。その意味で、これから紹介する枚方市の取り組みはどの学校でも参考になり、取り入れることもできると思われます。

第4章

働き方改善に向きあう教育委員会

片山悠樹

1　はじめに

この章では、枚方市教育委員会事務局の高山和子さん（教職員課・課長）と伊藤閣啓《たかひろ》さん（同課・指導主事）へのインタビューをもとに、枚方市における業務改善の経緯と概要を示します。その前に、枚方市の学校教育の状況を確認しておきましょう。

他の自治体と同様、枚方市でもさまざまな教育改革が立案・実施されていますが、現在もっとも力を入れている取り組みがＩＣＴの活用と働き方改革です。学校でのＩＣＴ活用については、報道で耳にしたり現場で経験している方もいると思いますが、枚方市でもタブレットの配布やＬＴＥ（モバイルデバイス用の通信回線）の整備など、ＩＣＴの導入に関して積極的に取り組んでいます。

高山さんは次のように言います。

高山　本市では、コロナ禍においてＩＣＴ（タブレット）を導入しました。これ（市から配布されたタブレット）は、LTEでいつでもどこでもつながるものです。教育研修課にICT担当があって、すごく力を入れて普及させたので、いま授業では普通にみんな使えるようになっています。いわゆる「文房具」ですね。

ICTの導入のみに注目すると、枚方市は教育予算にゆとりがあるとの印象を受けるかもしれませんが、決してそうではありません。筆者たち（片山と粕谷）も、本インタビューの準備にあたり枚方市の資料を事前に読み、予算をかけて業務改善を実施していると予想していました。高山さんたちも、枚方市の業務改善の評判を聞いた他の自治体からの問い合わせを受けるなかで、質問の多くは予算面に集中するといいます。ところが実際は、「他（市）の教育委員会の人と話すと、『予算はどれくらいですか?』とか『システムはどのようなものを入れていますか?』とか、そういう質問が多くなってしまうんです。私たち、お金あまりないんですって思います」（高山）と、業務改善に充てられる予算はかなり制約されているのです。

最近、全国的に教員不足が問題となっていますが、枚方市も同様です。学校現場の人員は逼迫《ひっぱく》し、担任や教科の担当教員が見つからないといいます。

高山　私たちの市も、教員不足で、ものすごく困ってまして。欠員がすでに出てる状態で。

――そうですか。

高山　小学校でも中学校でも。４月に入ってからも、教職員課全員で、教員免許を持っている方に必死で電話をしたり、大阪府教育庁に出向いて、講師の登録名簿を見て写して、また電話をしたりしてますね。枚方市でこういう（業務改善の）取り組みをしてますよっていう発信もしてはいるんですけれど、それが教員不足解消に結びついているかというと、簡単に、すぐにというわけにもいかないので。本当に、いまは厳しい状況やなって思います。

予算の制約と教員不足という、どの自治体でも見聞きする悩みは枚方市にも当てはまります。章の冒頭からこうした話を示したのは、環境や条件の上で枚方市も、他の自治体と大きな違いがないことを確認するためです。潤沢な予算があるために業務改善が推進できているわけではなく（「このため〔業務改善〕のお金は、とても少ないんですよ、正直」）、教員数も多いわけではありません。枚方市は特殊な自治体ではないのです。特徴的なのは、現場レベルでさまざまな「工夫」を積み重ねていることです。

2　「個人の問題」は「みんなの問題」

2―1　高山さんの改善経験

枚方市の業務改善はどのようにして始まったのでしょうか。市の取り組みである以上、行政的な手続きを把握することは重要ですが、あえて注目したいのは、業務改善の中心人物である高山さんの試みです。その試みは、高山さん個人の疑問からスタートしますが、それが他の人々も含む問題へと広がっていきます。「個人の問題」を「みんなの問題」として共有していくプロセスといえます。

高山さんの試みをみていきましょう。高山さんは門真市と枚方市で15年ほど教員として学校現場を経験し、２０１７年４月に枚方市教育委員会・教職員課に異動します。その当時、教職員課の時間外労働は常態化していました。

「夜の９時とか10時にならないと帰られへんっていう、それが常態化していて、これまでの仕事とは別世界だったこともありますが、すごくしんどいけど、気力で乗り切っていた感じですね。私も家庭もありますし、でも帰れない。やらなきゃいけないこともいっぱいあるから、やってたんですけど」（高山）と、家庭を持っていてもなかなか帰れない状況だったそうです。そうしたなか、高山さんはひとつの業務に疑問を抱きます。

高山　令和元（２０１９）年度に働き方改革の担当になったときに、「一個やめたいことがあるんです」って当時の課長に相談して。それが、評価育成面談の接待です。年に２回、教育長と校長先生の面談があるんですけど、それのご案内役。私たちは評価育成システムの担当課なので、校長先生がここ（教育委員会）に来て、教育長は部屋で待っていて、「次の順番の方どうぞ」って教育長室にお通しする役を担わなあかんのですよ。それをやめたいっていう話をして。計算したら一人あたり年間32時間も廊下に立ってることがわかったんです。私も立ってるし、伊藤も立ってるし、あと２人いた指導主事も。全員が年間32時間（廊下に）立ってる。32時間もあったら早く帰れるし、大体一回につき半日ぐらい立ってなあかんので、そのあいだに電話とか、校長先生から問い合わせがきても出られない。だから、それをやめたら、校長先生が聞きたいことをすぐリターンできるとか、もっと時間を有効に使いたいと課長に話しました。そうしたら、課長が「わかった、やめよう。部長に話すわ」と部長に話してくれて。当時の部長も「別の仕事に時間を使ったほうがいいね、教育長に話すわ」と言って教育長に話してくれて、そうしたら当時の教育長が「それはやめよう」と言ってくれたんです。

案内業務の廃止というと些細なことのように見えるかもしれませんが、年間で計算するとそれなりの時間（32時間）になります。高山さんは改善の理由（帰宅時間／とっさの電話対応等、時間の有効活用）を上司に提案して、その案が受け入れられました。業務に対する疑問と改善の提案、そして提案の受け入れということの経験が、高山さんにとって重要な意味を持ちます。

高山　私にとってはこのひとつの経験が、これ（業務改善）へのモチベーションになったんですよ。教育委員会事務局って、教員からしたらすごい縦社会なんです。教員のとき活躍していた人でも、市教委では何ひとつわからず、とにかく言われたことをやるっていう。そういう世界のなかで、何も変えられないっていう空気がすごい大きいんですよ。でも、「あ、変えれた！」って思ったんです。たった32時間やったんですけど、それをきっかけに、もうちょっといろんなものを変えてみようって、みんなでいろいろ考えて。で、これ（文科省の事例集）のように変わったんですよ。

教職員課の時間外（労働）が。

2―2　改善に挑戦するための公募制

「何も変えられないっていう空気」のなかで高山さんは案内業務の廃止を提案し、形となったことで、「変えれた！」という改善体験をします。そうした体験は高山さん個人にとどまるものではありません。高山さんの提案は多くの人を触発し、業務に対する疑問は教職員課の中でも共有されていきます（「もうちょっといろんなものを変えてみようって、みんなでいろいろ考えて」）。こうした「個人の問題」が課の問題（「みんなの問題」）として共有され、労働時間に変化をもたらします。後で示しますが、業務改善は「個人の問題」にすることなく共有するための工夫（＝「場をつくる」）が重要なポイントとなります。

もちろん、右のような体験がすぐさま市全体の業務改善へとつながるわけではありません。高山さんが教育委員会に異動してきたころ、枚方市は文部科学省の業務改善加速事業を受けていましたが、「市教委も、業務改善といっても何をまずしたらいいかわからないとか、学校も加配（教員定数に上乗せして配置される教員）はついたけれど、業務アシスタント（サポートスタッフ）をまず活用してみるけれど、そこから先どう進めたらいいか悩んで、２年間模索していた感じ」（高山）と、具体的な改善実践に悩む状態が続いていたといいます。

そうしたなか、「業務改善推進校」（以下「推進校」）の公募制を考えます。

高山　私が働き方改革の担当になり、学校は本当に改善の取り組みをしたいのか？　と考えているなかで、業務改善に挑戦したいと思う学校にやってもらうことが、動き出す重要なポイントなんじゃないかなって話を当時の課長としました。それが「業務改善推進校を募集します」という取り組みの始まりです。

このような経緯で、改善案を各学校から募る形をとったのですが、なぜ公募制という形をとったのでしょうか。高山さんは次のように言います。

高山　国に対して、大きな部分で改善していただきたいことは、私たちももちろんあります。ただ、それを待っていたら、結局はいまの苦しい状況ってなかなか変わらないから。まず自分たちの身のまわりで、できるところからやっていこうっていう。そういう考え方で学校も、とくに（業務改善）推進校は、がんばってくれています。

部活動の地域移行や給特法の改正などの「政策による改善」も重要ですが、学校現場は待ったなしの状況です。「政策による改善」だけではなく、「自分たちの身のまわりで、できるところから」と、身近な環境の中で改善できそうなことを考えたかったと高山さんは言います。そして、改善案を各学校が主体的に考え出すことを前提に、「推進校」の公募制を開始します。本書のはじめに「ローカルな実践」（＝下からの改善）というキーワードを示しましたが、「推進校」公募制の取り組みは、まさにそれを体現するものです。

3　身近な環境を変える

3―1　働きやすい職場づくり

公募制というと、業務改善を学校現場に丸投げしているように見えるかもしれませんが、決してそうではありません。枚方市では、労働時間の管理、労働安全衛生管理の規則整備など、労働環境整備の取り組みはすでに行われており、管理職への研修も実施されていました。しかし、いくら制度を整備したとしても、現場での根本的な改善が必要であると高山さんは言います。それが、市教委と学校現場の働き方に対する意識改革や「働きやすい職場環境」づくりです。

高山　私たちは、出退勤システムを平成29（２０１７）年度から導入して客観的な時間管理ができるようにしてきましたし、労安関係の規則も整えました。毎月の校長会で時間外勤務時間の平均グラフを示して、いまこういうふうになってますと話はしてるんですけれど。業務改善とか労務管理っていうのは、時間管理はもちろんだけれど、それだけで成り立つものではないと考えています。管理職には、働きやすい職場環境をいかにつくっていくかを重視してほしい。それをメインにすることで、時間外勤務時間が減るという結果も、この学校（推進校）の取り組みではっきりと見えているので。

労働時間の削減だけを追い求めるのではなく、「働きやすい職場環境」をつくりだすことが重視されています。「働きやすい職場環境」へと改善することで、結果として「時間」が削減されることが基本的なねらいだといいます。労働時間の削減が重要であることは言うまでもありませんが、時間の削減ばかりに気をとられ、かえって「働きにくい職場環境」になってしまっては改善の効果は半減してしまいます。だからこそ、働きやすい職場環境の実現→時間外労働の削減という方向を重視しているのです。

「働きやすい職場環境」とひとくちで言っても、学校ごとに異なります。そのため「推進校」を公募し、それぞれの学校現場で「働きやすい職場環境」を考え、改善案をつくってもらう方針をとりました。それぞれの学校が自主的に改善案を作成するため、多様な案が提出され、そこがこの取り組みの面白さであると伊藤さんは言います。

伊藤　それぞれが本当に自由な発想で、それぞれの学校の状況で。もちろん職員や地域性とか、いろんなものも含めて、うちの学校にどういうやり方が合うのかなというのを考えてきています。ウェルビーイング[1]を前面に押し出して、先生方が生き生きと楽しみながら働ける職場づくりというのを根っこに置いてるところ（学校）も、もちろんありますし。別の学校でも、教員の中では同僚性という言葉を使われるんですけど、仕事に向かう楽しみというか。（中略）一方で、まずは環境づくりからというところとか。着手するところがそれぞれで、そこはとても面白いですね。

3―2 「推進校」に応募する学校

ただし、気になる点もあります。ただでさえ忙しい業務のなかで、推進校に応募する学校は存在するのでしょうか。

「推進校」の公募制の大まかな流れは、各学校が改善案を提出し、年間10校の推進校が決定されます（教職員課内で選考）。取り組みは1回につき1年間で、3回「推進校」になると応募できなくなる（「殿堂入り」）というルールがあります。２０２２年度には小学校・中学校で計14校の応募があり（「殿堂入り」校は含まず）、選考の結果10校が推進校となりました。筆者たちも各学校から提出された改善案を見ましたが、どの学校も独自の案を計画し、内容も練られたものが多く、選考に苦労するのではないかという感想を持ちました。

こうした積極的な応募の背景には、推進校に対する「業務アシスタントの配置」があるといいます。ただし、注意しなくてはいけないのは、「業務アシスタント」目当ての改善案では選考を通過しないということです。業務アシスタントは改善案を計画するきっかけであって目的ではないのです。このことは学校側も意識しており、「それ（業務アシスタント）を活用して時間外を減らしますとか、それを十分活用しますっていうのがミッションではなくて、それをきっかけにして、学校の中で主体的に独自の業務改善を考えることがミッションですよという募集の仕方をして、応募してきてくれたのが、このとき（２０２２年度）はこれだけありましたね」（高山）と、ほとんどの学校は業務アシスタント目当てではなく、それぞれの組織に応じた改善案を提出しているといいます。

このような「推進校」制度ですが、高山さんはある推進校（A校）の成果について、**図4−1**を示しながら次のように説明してくれました。なお、図中の人型は、2019（令和元）年と2021（令和3）年ともにA校で勤務していた、同じ教員を示しています。

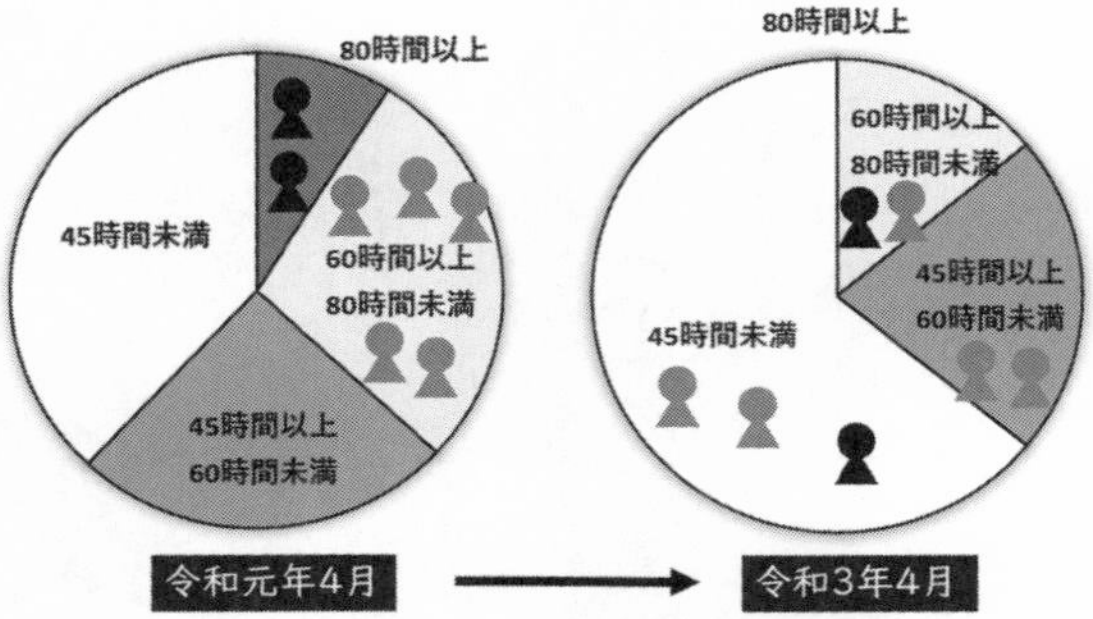

図4−1　「推進校」A校の時間外勤務時間

高山　（令和元年に）時間外勤務80時間以上の人が、ここ（45時間未満）に来たり、ここ（60時間以上80時間未満）に来たりっていうふうに、すごく変わったんです。この学校が（教員に）「早く帰れ、早く帰れ」ばかり言ってたのかっていったら、ぜんぜんそうではないのが面白いところ。取り組みのひとつは、ＩＣＴをフル活用した。この（市が教員に配布した）タブレットが入って、ＩＣＴをフル活用して会議の時間の精選や朝礼の廃止を十分にやったのと、ペーパーレスの徹底。以前から実施していたストレスチェックを改めてしっかり分析して、それを所属教職員にフィードバックする。所属教職員が集まった座談会を開いて、何を改善すればもっと働きやすくなるか、という対話の時間をつくった学校ですね。

——結果として、（時間外勤務の）時間が減るっていう。

高山　そうです。

このA校は「推進校」の中で例外的な存在ではありません。他の学校でも改善案を実行し、なかには独自に効果検証しているところもあるといいます。自分たちの成果を可視化し、さらなる改善へのモチベーションにもなり、次年度の応募にもつながるのです。

高山　そういう独自のアンケートを作って、年度当初と年度末を比べるとこう変わった、みたいに報告してくれる学校もありますね。こういうふうに主体的にアンケートを作ってみたり、やりたいことにチャレンジして、これだけ変わった！　と自分たちで喜ぶということを大事にしています。

4　「なんとかしたい」管理職

4-1　労務管理への意識

学校側にとっては「業務アシスタント」だけが「推進校」応募のきっかけではありません。むしろ注目すべきは、管理職の危機感です。２章で管理職と多忙感の関連性の分析結果を示しましたが、本節では管理職に注目して見ていきましょう。

筆者らの予想以上に「推進校」の応募が多いことに対して高山さんが次のように説明してくれました。

高山　やっぱり学校は困っていたのだと思います。なんとかしたいけれど、なんともならん。どうしたらいいんやろ、でも何か変えたいっていうのが、管理職の率直な気持ちだったと思います。正直、当初はアシスタントだけでも欲しいっていう学校も、もちろんありました。ただ現在は、推進校になったことをきっかけに、働き方を改善できるかもと考える管理職が増えました。

管理職にも多忙の現状を変えたいという意識があり、「推進校」に応募する学校が一定数存在したといいます。もちろん、すべての管理職が同じ意識ではありません。労働時間や労務管理への関心が高くない管理職もいるでしょう。ただ、「働きやすい職場環境」づくりには管理職の労務管理が重要なキーとなるため、管理職向けの労務管理の研修を実施していると、高山さんは言います。

高山　私も最初、自分が働き方改革を担当していたけれど、労務管理の意識が高くなく、そのつながりがよくわかってなかったというのが正直なところなんですけれど。推進校の取り組みをしたり、自分で働き方改革のいろんな勉強をし、現場の先生たちの声も聞く過程で、やっぱり管理職の労務管理意識が高いか低いかというのはものすごく影響するなって思ったんです。そうしたときに、本市ではストレスチェックをしていますが、形骸化しているなと課題に感じました。結果はもらうけど、分析の仕方はよく知らんし、やらせっぱなしというのが正直なところでした。学校もストレスチェックをやってるけれど、結果が届いてもどう見たらいいかわからないまま何年間か過ぎてしまったことに気づいて。労働安全衛生研究所の鈴木医師（仮名）に来ていただいて、労安関係の研修を一回やってもらったんですよ。その先生から、ストレスチェックの結果の読み取り方も教えていただいて。管理職対象に、読み取り方のミニ講座を開くなどしました。

高山さん自身も「労務管理の意識が高くな」く、業務改善に取り組むなかで管理職の労務管理意識が重要な要素になることに気づいたといいます。そのため、医師を招き、形骸化していたストレスチェック（筆者も勤務校で意味を理解しないまま毎年回答しています）の研修を実施するなどの工夫をしているのです。多くの教員にとって、労務管理を学ぶ機会はほとんどなかったように思われます。管理職への昇進に際しても、労務管理の能力や意識が条件になっている自治体は多くありません。そうした現状だからこそ、労務管理の研修が大きな意味を持ちます。

高山　ストレスチェックを全員受けさせて、出てきた結果を見るのは、管理職としてどきどきすることだと思います。それって自分への評価みたいなものだと思うので。そこ（教員の回答）に「働きやすい職場だと思う」という項目に×がついてきたらショックじゃないですか。

――ショックですね、それは。

高山　でも、悪い結果となっても、それが職員の回答なわけだから、実態として受けとめて、何を改善していけるのかと考えなくてはいけないと思うし、（結果をホームページなどに）載せることができるような、いい結果のところ（学校）は、それによってすごくモチベーションが上がるので。もっとできることがないかなっていう意欲につながったりというふうに、ストレスチェックもよりよい学校運営に使えると思います。

――考えてみれば、管理職の仕事って労務管理なんですよね。

高山　そうですね。

――（教員を）養成している立場で、そういうことを私たちは教えていないので。すごく反省しながら聞いていて。

高山　私たちも、もちろん教えてもらってきていないし、校長先生方も、教員時代にとくに教えてもらってきていない。だからこそ、管理職になるうえで（労務管理を）学ぶってすごく大事だなと思います。教員の勤務時間意識って、どちらかというと低いと思うので。それは、勤務時間を意識して働くようにと教えてもらえていないのも原因のひとつかなと思います。

ストレスチェックを通じて管理職は教員の実態を受けとめ、改善することが求められています。そのため高山さんは管理職を対象に研修を実施し、そうした意識を持ってもらうようにしているのです。

4―2　地域住民・保護者の理解を求める

管理職の役割は、地域住民や保護者への対応においても重要となります。高山さんは、学校の電話受付時間の変更を事例に、次のように言います。

高山　（電話受付時間の変更を）ＰＴＡの方々に理解いただいたり、コミュニティの方々に理解いただだいたりというのは、学校はとても気を遣って丁寧に進めています。最近では、決めた時間外には電話がかかってこなくなったとかね、すごく協力的なコミュニティの会長さんもいて、学校を応援してくれている話を聞きます。「何時以降かけたらあかんって言ってるけど、まだかけてくる人おる？」と聞いてくれて、「それなら地域でまた言っとくわ」と話してくれるような関係が築けているところも出てきています。一方で、これまでの当たり前を変えるためには、管理職ががんばって一歩踏み出さないと進まないというところで、いまだにその一歩が踏み出せず悩んでおられる管理職もいます。

業務改善は、地域住民や保護者の理解なくしては進まないといわれます。教員以外の読者には、電話対応は些細な負担と思われるかもしれませんが、朝の職員室は保護者からの欠席連絡の電話が鳴り響き、何か問題が生じれば地域住民からも通報や要望があるなど、教員は電話対応に追われています。集中して仕事に取り組むには静かな環境が必要ですが、職員室は電話の音や対応で、慌ただしい空気となりがちです。「働きやすい職場環境」をつくるためにも、管理職は地域住民や保護者に理解を求めることが必要となります。

以上のように、業務改善に向けては労務管理や地域住民・保護者の理解といったマネジメント力が管理職に求められています。しかし、現実的に教員がマネジメントを学ぶ機会はほとんどありません。そのため危機感を抱く管理職が増え、こうした意識が「業務改善推進校」のきっかけとなっています。

ただし、注意しなければならない点があります。業務改善は管理職の力だけではうまく進みません。

「推進校」には管理職以外の「業務改善リーダー」を置く学校が多く、リーダーの役割も業務改善のうえでは重要になります。「推進校」を観察するなかで高山さんはリーダーの重要性を指摘しています。

――自分たちが（推進校を）やりますって言ったのは、管理職がやりますと言ったのか、それとも管理職以外の教員もやりたいという話で立候補したのか、どっちが多かったんですか？

高山　管理職だけで決めて応募してきた学校もあるし、教員との会議のなかで「こういうのあるけど、みんなどうする？」と話をして、やりたいと言ったもの（改善案）をここに出してきた学校もあります。どちらでもいいのですが、後者のほうがうまくいく傾向にあると感じます。リーダーシップは絶対必要ですが、まわりの意識が低く、やる気がないところでいくら管理職が一生懸命になっても、持続可能なものになるかというと難しいと、この3年やってわかったので、そういう話を学校にはよくしています。

業務改善リーダーを担うことは、教員個人にも負担になります。通常業務に加え、業務改善の旗振り役を担うことは大きな負担です。では、なぜあえてリーダーを担う教員がいるのでしょうか。ここでは子育て中の太田先生（仮名）の例から考えてみましょう。

太田先生は、子育てをしながら仕事をすることで、自分が帰宅しなければならない時間にも「他の先生方は残って仕事をしていて、すごく負い目」を持ち、こうした働き方が続くようなら担任は持てないと心配するようになったといいます。(2) そうした状況を打開するために、校長から声をかけられたことをきっかけに「業務改善リーダー」を担うようになります。その成果は少しずつ形となっていますが、ここで重要なのは、「個人の問題」を「みんなの問題」につなげるということです。うまくつながれば、リーダーを担うやりがいとなります。太田先生の場合は、子育てをしながら担任をしたいという思いであり、その思いは多くの教員にとっても共有できるものだったのです。

5 「場をつくる」教育委員会

5—1 学校間のつながり

枚方市の業務改善では、改善案の計画だけでなく実行も任せるなど、各校の自律性は高いといえます。しかし、各学校がバラバラに行っているわけではありません。教育委員会が学校どうしの「場をつくる」ことを意識しているためです。

業務改善を始めた当初、教育委員会と学校現場は同じ方向を向いていたわけではありませんでした。多くの学校では「働き方改革なんて無理だ、こんなにしんどいのに。教育委員会からも『あれやれ、これやれ』といっぱい言われているのに、できるわけない」（高山）という意識が広がっていたといいます。そこで、業務改善を進めるため、各校の裁量を認めつつ放任しない関係を構築することをめざすようになります（「ほぼ自由な状態にしながらも、でもほったらかしではないっていう、そういう形にしたいなと思って

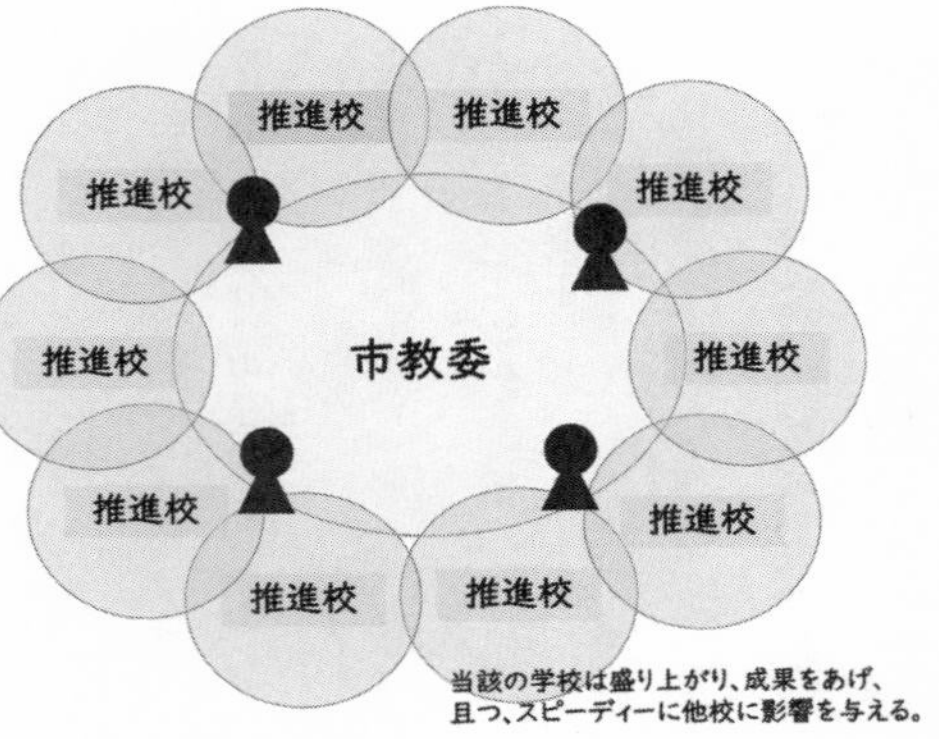

図4-2　教育委員会と推進校の関係

……」）。さらに、効果的な実践が広がるような関係性を構築することもめざされました。それを象徴するのが図4-2です。

高山さんはこの図を次のように説明してくれました。

高山　私たちがしたのは、（図を示しながら）こういう形。推進校10校と教育委員会が重なりあってるような。お互いがぎゅっと近づいてる、そういう関係性をつくりたいと思いまして。それぞれの学校は盛り上がるし、成果も上げるけど、（図中のひとつの学校を指しながら）ここでの成果が（別の学校を指し）ここに広がっていく。もちろん私たちには伝わってくるし、私たちがそれを聞いて、（さらに別の学校を指し）こっちに伝えていくっていう、こういう形をつくるのを大事にしてやってきています。

たんなる構想ではなく具体化するために、オンライン会議などを使いながら意見交流する「場」を設定していると、高山さんは言います。

高山　定期的に集まる。リアルでも集まるし、オンラインでも集まるしっていうのを年間くりかえしてやっています。こうすると仲良くなるんです。私たちとも仲良くなるし、学校間の推進リーダーや管理職が交流するので、そういうなかで刺激ももらえますし、嫌みなく広がるというか、やらされてると思わずに。相手の学校が進んでるところにちょっと焦りを感じたり、自分のほうが進んでることに、どこか優越感を感じたりしながら、「電話してくれたら、いつでも説明するよ」とか「そっちの学校に（教えに）行くよ」という会話がここでなされるんです。もちろん、そのなかでも温度差はありますし、進み具合も差はあるんですけれど、それでも（教育委員会と）一対一での関係でやるよりずっと広がっていると考えています。

――同じ地域の学校で先行事例があるというのは「じゃあ、うちでもできる」って思うわけですね。

高山　そうですね。オンラインで集まるときも、実際に会ってするにしても、教育委員会が主催してるからといって堅苦しい感じはまったくなくて、本当にざっくばらんに話をしています。皆さん、楽しかったっていう感想をよく持ってくれてます。

こうした意見交流のねらいは、業務改善に積極的に取り組み、効果的な実践を市内の学校全体に共有することにあります。

5―2　「分有」しながらつながる

さらに、「場をつくる」という考え方は、学校「間」だけではなく学校「内」においても重要だといいます。働くうえで教員間の同僚性が重要であるといわれますが、責任を一人で抱え込むような状況を生み出している実態もあります。各人が責任を「分有」できない状況です（3章参照）。しかし枚方市では、責任の「分有」をうながすような取り組みがなされています。そのひとつの例が、業務改善の校内研修です。高山さんが次のように言います。

高山　いままでだったら、働き方に関しての研修なんてなかったので、職員間で愚痴を言うしかないっていう職場の環境だったと思うんですよね。でも、それってぜんぜん良くなくて、愚痴って不満ですし、精神的にもマイナスに働くじゃないですか。誰かの文句を言ったら人間関係にも悪影響ですし……。こういうこと（校内研修のワークショップ）をすることで、大っぴらにしんどいことはしんどいって言えたり、もっとこんなふうに変えたいと思っていたと、その場で話せたり。私が研修講師をした際にびっくりしたのが、学級担任ではない専科指導の先生たちが、「高学年の担任ってすごい大変でしょ。授業の空き時間があったら（テストの）丸付けできたらいいなって思ってた」と、こういうところ（校内研修）で出たりして。そしたら、担任の先生たちからは「そんなこと思ってくれてたの?!」っていう。そういうところで「うれしい」とか「本当にやるよ」というやりとりがあって、副担任制みたいなことを始めた学校もあるんですよ。だから、働き方について正式に対話する場をつくっていくということが「Step ゼロ」だといつも言ってます。

働き方について「正式に対話する場」が設定されていないため、愚痴や不満を言うしかなくなり、職場環境にとってマイナスな影響が出てきてしまう。ところが、話す場を設けることで、「もっとこんなふうに変えたいと思っていた」という気持ちや業務の分担なども話せるようになるといいます。枚方市の業務改善の資料にも「考える場をつくる」という言葉があり、それが業務上の課題や責任を共有する土台となっています。

研修という「場をつくる」ことは、「市教委の私らがするのは、けっこうしんどい部分もあります。想定内ではありますが、（教員から）市教委への要望も言われてしまうんですよね」（高山）。ただ、「まずは学校の裁量でできることをみんなで考える会だから。どのようにアクションしていくか、各グループで決めて最後に発表しましょうと話しながら、動き出すきっかけづくりになっていると思います」と、「考える場をつくる」ことで、多忙の問題が政策による解決だけではなく、自分で改善できる問題（＝実践による改善）であることを教員が意識するようになるのではないでしょうか。

6　勇気をふるって、一歩ずつ

紙幅の都合上、割愛した部分もありますが、枚方市の業務改善の経緯と概要は伝わったのではないかと思います。ただ、この取り組みは継続中であり、伊藤さんが指摘しているように、今後どのような展開をみせるのかを追跡する必要があります。

伊藤　やっぱり単年で見ていくだけじゃなくて、ここまで３年、４年ってくると、やっぱり中心を担っていた先生が異動したり、管理職の先生も異動したりしながら、いろいろ変わっていくので、そこを追いかけていくのは面白いなっていう話をしてたんです。

次章では各学校での取り組みを紹介しますが、本章の最後に指摘しておきたいのは次の二つです。ひとつめは、「勇気をふるって変える」ということです。高山さんは、教員の意識を変えることの必要性を指摘しています。

高山　出退勤システムや校務支援システム、タブレットも時代の流れに応じて導入してきた。そのようなものを上手に使いながらやっていきたい。ただ、一番は、教員が働き方の課題に対して受け身であったのを、主体的に改善することができると発見し行動するサイクルができるために、意識改革を担当してきたと思っています。

二つめは、「一歩ずつ」です。序章で書いたように、教員の多忙は最近の問題ではありません。紆余《うよ》曲折《きょくせつ》はあったにせよ、部活動の問題や、本章でふれたマネジメントを学ぶ機会の欠如など、長年にわたって蓄積されてきた（放置されていた）問題といえます。こうした問題を一気に変えると歪みが生じる可能性があります。だからこそ、確実に一歩ずつ改善していく必要があるのではないでしょうか。これを読んでいる教員の方は、「何を悠長なことを」とおっしゃるかもしれません。それでも、「実践による改善」は、一歩ずつというのが現実的だと思います。高山さんは次のように言います。

高山　本市も市独自の（学校）行事が、近隣市に比べたら多いほうです。それが教員にとっては負担だとか、そういうのはいろいろありますから、教育委員会の中で検討していこうと言いながらも、多方面との関係もあって簡単には変えにくいところもあります。それでも、「変わるわけがない」というスタンスから、「それも見直しのひとつに考えていかなきゃいけない」という段階にまでは来ています。私たちの動きがつくれたら、現場は喜ぶと思います。

「勇気をふるって、一歩ずつ」確実に改善するというのが、枚方市の業務改善の強みであり、「実践による改善」のリアルな姿なのではないでしょうか。

注

（1）ウェルビーイングは「健康」「幸福」「福祉」などの訳があてられ、さまざまな意味を持つ言葉ですが、ここでは「幸せな働き方」といった意味で使用されています。

（2）太田先生の言葉は次の通りです。「私が推進リーダーとして取り組もうと思ったきっかけは、自分が母親になったことでした。毎日の保育園の送迎は基本、私が担当しています。朝は7時50分には子どもを預け、夕方6時には迎えに行きます。そのため朝の出勤は8時半ギリギリ。退勤は5時10分には出ないとお迎えの時間に間に合いません。しかし、まわりの同僚でそんな時間に出勤をし、そんな時間に退勤をする人はほとんどいませんでした。毎日申し訳ない気持ちとともに仕事をしていました。しかし、通常の勤務時間は8時半から5時のはず。残業が当たり前になりすぎているこの職業形態を何とかしなくては、私は一生担任に戻れないのではないかと感じ、推進リーダーとして取り組もうと考えました」

第5章

働き方改善に取り組む学校

片山悠樹＋粕谷圭佑

1　小学校と中学校の「多忙」の違い

前章では、枚方市の業務改善の経緯と概要を紹介しましたが、この章では同市での学校現場の取り組みを紹介します。10校の「業務改善推進校」（以下「推進校」）の中で、蹉跎《さだ》東小学校と長尾西中学校を取り上げます。

その前に、注意点を二つ示しておきたいと思います。ひとつめは、教員の「多忙」とひとくちに言っても、そのあり方は異なることです。この点を確認するために、**表5-1**をご覧ください。この表は、第2章で使用した調査のデータを用いて、小学校と中学校の働き方を示したものです。表を見ると、「授業コマ数」（1週間あたりの担当コマ数）が20コマを超える割合は、小学校では95・1％に対して中学校では34・7％となっています。小学校と中学校で授業時間は異なりますが、コマ数の違いが目立ちます。「学級担任」を見ると、小学校ではほとんどの教員が担任を持っていますが、中学校の場合は6割程度です。一方、「クラブ活動・部活動の顧問」に目を向けると、中学校ではほとんどの教員が顧問と

表5-1　小学校と中学校における教員の働き方

（%）

	授業コマ数（20コマ以上）	学級担任	クラブ活動・部活動の顧問	休日・家での仕事時間（2時間以上／日）	休日出勤（4日以上／月）
小学校	95.1	93.3	21.9	53.3	22.9
中学校	34.7	59.5	92.1	36.9	70.5

なっていますが、小学校では2割程度です。同じ教員でも学校種が違うと働き方も変わることがわかります。

こうした違いについて、2021年度まで中学校に勤務し、2022年度から蹉跎東小学校に赴任した学校事務職員の方は、小学校の教員の忙しさは「一回朝が始まると夕方までノンストップ」であり、中学校は「（授業の）後ろに部活動が入っているという特有の忙しさ」であると表現しています。小学校の教員は、子どもたちが登校すると下校まで教室でともに過ごします。その間、授業や生活指導だけでなく、何か問題が発生すれば対応し、気が休まることなく（トイレに行く時間もないほど）慌ただしい時間を送ります。一方、中学校の教員は、「空きコマ」はあるものの（その時間も採点、授業準備などで忙しいのですが）、授業後には部活動が控えています。

こうした違いの一端は、休日の過ごし方にもあらわれています。「休日・家での仕事時間」が2時間を超える割合は小学校で高く、「休日出勤」が月に4日以上の割合は中学校で高くなっています。中学校の教員は部活動のために休日出勤し、小学校の教員は部活動がないものの、休日も家で持ち帰り仕事をしているということでしょう。

教員の多忙問題の解消のために部活動の地域移行が議論されていますが、効果の範囲は中学校（あるいは高校）に限られることをあらためて認識しておく必要があります。なお、こうした忙しさの違いは、２章で示した結果の一部が小学校と中学校で異なっていたことにもあらわれています。こうした理由のため、この章では小学校と中学校を分けて記述します。

二つめは、自治体ごとの違いです。たとえば、２０２２年度から小学校高学年で教科担任制が導入されましたが、自治体によってはそれ以前から実施に踏み切っています。また、ＩＣＴ環境の整備状況も自治体によって異なります。枚方市では２０１６（平成28）年から小学校５・６年で一部教科担任制を実施し、前章でみたようにＩＣＴ環境の整備もいち早く進めてきました。

そうしたなかで、どのような取り組みがされているのかを以下で記述しますが、他の自治体でも類似の取り組みは行われているかもしれません。そこで、この章では、改善の取り組みを紹介するだけではなく、どういった経緯や意図のもとで取り組みが進められ、どのような条件であればスムーズに行くのか、二つの学校の事例をもとに掘り下げて考えていきたいと思います。

２　蹉跎東小学校

２―１　後発スタート

蹉跎東小学校は、２０２０年度から3年連続「推進校」に選出された、枚方市の中でも積極的に業務改善に取り組んでいる学校です。選出3年目の今年度（２０２２年度）は「心豊かで　生き生き　ええ

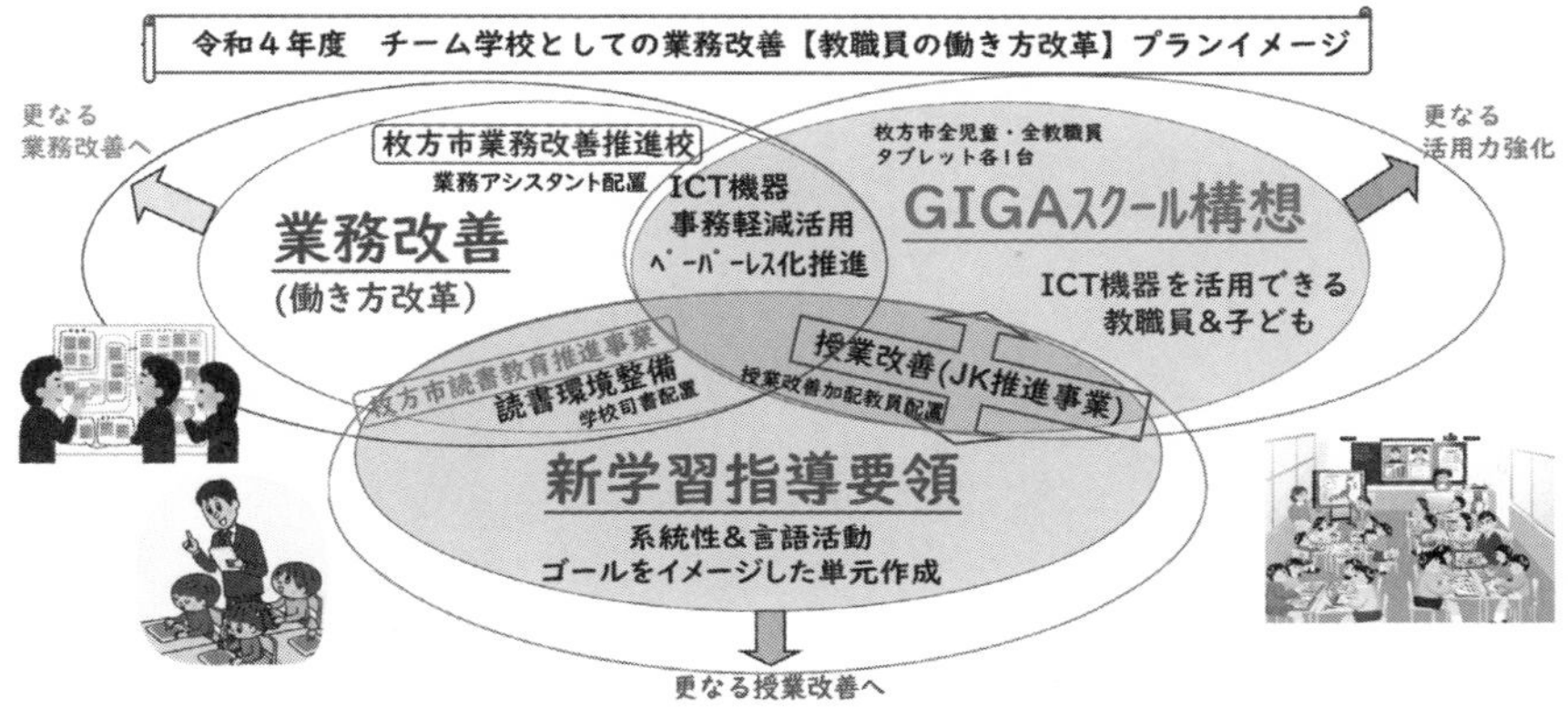

図5-1　蹉跎東小学校の業務改善プラン（2022年度）

顔の、持続可能な学校」を目標にプランを設定しています。「チームとしての満足感向上」をテーマに、「量より質を向上させ、内容の充実をめざし、行事や会議内容等の優先順位を意識して改善し、教職員の専門性（特に授業力）を高め、各自が、主体的に、楽しんで、前向きに力を発揮できる組織へと、チーム学校として、全員で進める」ことを掲げており、**図５‐１**の「新学習指導要領」「ＧＩＧＡスクール構想」「業務改善」の三つの柱がそのことを象徴しています。紙幅の都合上、詳細は割愛しますが、業務改善は目的というよりも、「心豊かで　生き生き　ええ顔の、持続可能な学校」を達成するための、ひとつの手段として位置づけられています。

それでは、どういった経緯で同校は業務改善に取り組みはじめたのでしょうか。桐山智巳校長は次のように言います。

桐山　定年退職後、再任用校長となり、新たにコロナ禍でここ（蹉跎東小学校）に赴任し、何から始めたらいいのかと思っていたときに、教頭さんがぜひ業務改善をやりたいと熱望しました。それに加えて、蹉跎中校区には3校の小学校と中学校があるのですが、その蹉跎中、伊加賀小、蹉跎小が（業務改善を）すでにやっていたんです。それで、うちもぜひやりたいという思いもあって立候補しました。

近隣の小中学校で業務改善に取り組んでおり、蹉跎東小学校もそうした波に加わろうというのが動機でした。いまでは3年連続「推進校」の蹉跎東小学校ですが、着手の時期が早かったわけではなく、後発スタートといえるかもしれません。

2―2 「幸せ」な働き方をめざして

後発スタートながら、積極的に改善を進める「推進校」になったのには、ひとつのきっかけがありました。それが元教員による研修であったと桐山校長は言います。

桐山　元教諭の山本先生（仮名）に来てもらい、全職員対象に、ここ（学校）で（研修を）やってもらったんです。その研修がやっぱり大きかったです。僕自身も、「幸せ感」という感覚、教職員自身の幸せみたいな視点はこれまでなかったなと思います。みんなが自分らが幸せになるために考えんねんから、各自が（業務改善を）考えなあかんやろっていう感じになっていったんですよね、その研修の後は。僕から言われたからじゃなくて、自分らのために、いますぐやらなあかんっていう意識が芽生えた。1年目の業務改善（推進校）の秋の、山本先生が来て、みんなでああでもない、こうでもないと考えを出しあった研修の後から、すごくみんな前向きになってくれたかなっていう感じです。別にこっちがお尻をたたかなくても、「もっとこうしたらいい」と数々の提案が出ました。実際に、ちょっとずつ目に見えて変わっていってるのが実感できたので、非常にわかりやすいというか、変えていけたんです。

桐山校長自身、管理職になる前は学級通信を毎日書き、専門の数学だけでなく国語の研究にも熱心に取り組むなど、長時間働くタイプの教員だったのですが（「自分はわりと早く〔学校に〕行って遅く帰るみたいなタイプの人間でした」）、この研修をきっかけに、それぞれが幸せになるための働き方を考えるようになったといいます。

研修の影響を受けたのは桐山校長だけではありません。依田先生（後述）は次のように言います。

依田　（山本先生が）来られて、（教育）委員会とか、学校体制とか、そういうことについての意見はもちろんあるけれども、「こうしたい、じゃあ自分はどうするというところまで、この研修のなかで考えていきましょう」とおっしゃられて。そのとき、いろんな意見が出て――自分はこうかかわりますというところまで、自分ごととしていろんな人が意見を言って。もちろん簡単に変えられないところもあったんですけど、そのとき（研修）はすごく印象に残っています。

４章で書いたように（３節「身近な環境を変える」）、枚方市の業務改善改革の柱は「働きやすい職場環境をつくる」ことであり、そのためには「個人の問題」を「みんなの問題」として共有する必要があり

蹉跎東小学校での業務改善研修のようす
（左：結果報告　右：グループディスカッション）

ます。蹉跎東小学校では、「みんなの問題」として共有する工夫のひとつとして校内での業務改善研修を実施し、課題の可視化と共有化を行っています。筆者（片山）は２０２２年7月21日の研修に参加しましたが、業務改善リーダー（当日はリーダーが欠席のため代理）が校内の時間外勤務およびアンケート調査（校内の教職員向け）の結果を報告し、その後で業務改善のグループディスカッションと、さらなる改善に向けた提案が行われました。予定時間（45分）を超えても意見が出されるほど、熱を帯びた研修であったことが印象的でした(1)。

2―3　コロナ禍という逆境のなかで

蹉跎東小学校では、業務改善に向けたいくつもの取り組みを行っています。ここでは、いくつか簡単に紹介します。

まずは、ＩＣＴを活用したペーパーレス化、出欠確認、そして教材など情報のスムーズな共有化です。前章で書いたように枚方市では教職員にタブレットが配布されましたが、そのことで会議の資料作成や出欠確認などの業務がスムーズになったといいます。筆者も教育実習などで学校現場に行く際、ＩＣＴの導入・活用が進んでいるのを目の当たりにしますが、自治体によってその進捗状況は異なります。その点で、枚方市や蹉跎東小学校は先進的といえるかもしれません。ただし、ＩＣＴが導入されたとしても、かならずしもうまく活用されているとは限りません。その点、コロナ禍がＩＣＴ活用の後押しをしたと、桐山校長は言います。

桐山　コロナ禍で、ちょうど去年（２０２１年）の９月から、夏休み明けから突然「オンライン（で授業を）しなさい」ってなったんです。枚方市はハイブリッド（対面授業との併用）のオンラインをするというのが打ち出されたので、すぐにやらざるを得ないわけです。

消毒や検温など、コロナ禍で教員の業務負担が大幅に増えたことは記憶に新しいでしょう。枚方市でもオンライン授業となり、教員からの反発は大きかったものの、子どもたちの学習を止めないためには「やらざるを得な」かったといいます。当時、学校現場が混乱をきたしたことは容易に想像がつきますが、結果論としては「否が応でもやらなあかんかったことで、少しずつ慣れていけたと思います」と、教職員のほとんどがＩＣＴを活用できる状態になったわけです。

蹉跎東小学校では教材も共有しています。学級担任制である小学校では、基本的には一人の学級担任がほとんどの教科を教えるスタイルがとられていますが、高学年になると内容が高度になり、教材作成に時間がかかります。そのため、過去の教材を共有することで、教材研究に活かしつつ、教材作成にゆとりをもつことをめざしていると桐山校長は言います。

桐山　うちは（教職員）みんなが共有できるサーバーに、各学年のデータバンクいうことで、作った教材を保存して残すようにしているので、過去3年の教材は活用できます。（中略）だから、それらの教材をそのまま使ってもいいし、自分なりに作り替えて使ってもいいっていうのが積み上がっていくと。

さまざまな情報をスムーズに共有することで、業務にゆとりを持たせようとしているのです。

ほかにも、「業務アシスタント」の活用や電話対応時間の変更（8時から18時まで）なども行っています。[2] なかでもユニークなのが、月に1日の4時間授業です。近年、標準授業時数は増加しており、授業時間の確保が学校現場の重要な課題となっていますが、蹉跎東小学校では教材研究の時間を確保するため、4時間授業の日を2022年度から試験的に導入しています。

2-4　「スクラップ」のための事前の説明

こうした取り組みの成果は後でみることにして、実施の際のポイントにふれておきたいと思います。それは管理職からの事前の説明です。従来のやり方を変更すると、教職員や保護者などからネガティブな反応が起こることがあります。「ビルド（構築）は簡単なんですけど、スクラップ（廃止）が本当に難しい世界」と桐山校長が言うように、電話対応時間の変更や4時間授業の実施など、業務削減に対する内外からの反発が起きやすいのです。そのため、桐山校長は学校だよりやＰＴＡ会議などでの事前説明に気を遣っています。以下は、電話対応について質問した際に、保護者に理解を得るため事前説明を行ったという桐山校長の回答です。

桐山　もちろんお願いをして、ちゃんと学校だよりだったりＰＴＡの会議であったりで「いついつから、こうします」と。いま世間でも業務改善が進んでいます。教職員も家族があって労働時間が決まっていますから、その時間には帰らせてもらうということで、電話の時間も制限させてもらって、あとは翌日ということでお願いしています。

また、４時間授業の実施の際には、保護者だけでなく教員にも取り組みの意味を事前に説明したといいます。

桐山　そこ（４時間授業について）はいまのところ、学校だよりに出した後、クレームはありません。

――それはやっぱり、時間を削減というか、ゆとりを持たせて、教員には「こういう（教材研究の）時間に充てなさい」ということは説明される？

桐山　もちろん。

――保護者の方にも。

桐山　もちろん、学校だよりなどでお知らせしています。（中略）前もってちゃんと説明してから実施するという手順は、絶対きちんとしておかないと思っています。

こうした取り組みを行うなかで、どのような変化があらわれたのでしょうか。桐山校長によると、職場の雰囲気の改善や、チームで働くことの意識化といった変化がみられたといいます。少し長くなりますが、桐山校長の声を聞いてみましょう。

桐山　本校では業務改善に取り組んで正解だったところはたくさんあって、見る見るうちにいろんなことが変わっていったので、いまにつながっているところはすごくあります。

――たとえば、どういうふうに職員室の雰囲気とかが変わったんですかね？

桐山　そうですね。やっぱり1年目は（職員間で）多少不調和なところがありました。（中略）何か表と裏を感じることもあるし、すぐ対立しやすい感じは（本校に）来てすぐのときはありました。ただ、僕自身に対しても（異議が）あったときも、とにかく穏やかに、フランクに返すようには心がけていて、すぐに直接その場で言わずに、あとで個別に来てもらって「いや、あのとき、あんたこういうふうに言うたけど、実際はもっとこういうふうに言ったほうが良かったと僕は思うねんけどな。まあ、これは僕の意見やから、今後こういうふうに言うときは前もって提案しといてくれへん？　そうしてくれたらぎくしゃくせえへんと思うよ」というふうに、話して理解してもらうようにはしているんですけど。

――まさに業務時間とか業務量ではない、働きやすさにかかわる部分ですよね。

桐山　ちょっとした意見の言い方が、やや余裕なく気持ち優先に感じられるときもあって、経験の違いもあると思うんですけどね。その年は5・6年も担任みんなが高学年初めてでしたから。だから専科制になって、うちの学校はある意味ちょうど良かったんです。いろんな人が児童とかかわれましたし、教科の教材研究もいつもより少なくて済んだので。支援（特別支援学級）面でも、支援を必要とする子も少なくなく、コロナ禍1年目で心が満たされず落ち着かない子もいて。しょっちゅう僕も空き時間の者と一緒に、みんなで（教室に）入り込んで支援しあったんです。そんな感じで、みんなで互いに支えあってなんとか徐々に改善していったのを見て感じてくれ、こういうふうにしたら、みんなの思いがぶつからずにうまく回るんやなっていう感じは理解してくれて、いまに至っているのかなという感じです。

桐山校長の赴任1年目は、職員室の雰囲気がかならずしも良いものではなかったときがあったといいます。対立や衝突の芽を少しずつ調整して減らしながら（＝「穏やかに、フランクに返すようには心がけて、すぐに直接その場で言わずに、あとで個別に来てもらって」）、また一方で、特別支援学級の課題にも、教科担任制の導入と教材の共有でゆとりを生み出し、組織的に対応しながら、チームとして働くことの重要性を体感したのです（＝「こういうふうにしたら、みんなの思いがぶつからずにうまく回るんやなっていう感じは理解してくれて」）。これが、桐山校長から見た重要な成果です。

2-5 「めっちゃ多い」から「多い」へ

同校の教員は、業務改善の取り組みの成果をどのように感じているのでしょうか。ここでは4名の先生の声を聞いてみましょう。インタビュー対象者（仮名）は左記の通りです。

藤本先生：特別支援学級担任、教員歴13年目（育休1年含む）、女性
幸田先生：加配（国語を中心に各教員の授業力アップのアシスト）、教員歴11年目、女性
作本先生：６年生担任、教員歴６年目、女性
依田先生：４年生担任、教員歴11年目、男性

蹉跎東小学校ではさまざまな改善の取り組みが行われていますが、それは膨大な業務量を一気に解消するような「魔法」ではありません。ただ、少しずつではありますが、教員のなかに変化は起きています。たとえば、ＩＣＴ環境の整備が進んで、時間的な削減は実感できているといいます。

――タブレットとかＩＣＴが入ったことで会議の仕方自体が変わったとか、そういう実感は……。

作本　それはあると思います。いままで職員室で（会議を）やって、企画の資料を印刷して、みんなで確認してっていう感じだったんですけど。いまはもうタブレットで、そこに投稿して事前に読んでおけばその時間も削られるし、いちいち全部説明しなくても済むので、そこはものすごく早くなったんじゃないかなって思います。

ただし、藤本先生が「もともと膨大やった量がちょっとマシになっただけで、絶対量が多すぎるので、業務改善してやっと『めっちゃ多い』が『多い』になったくらいです」と言っているように、「めっちゃ多い」業務が「多い」程度まで削減されたというのが、現場の実感です。(3)

2-6　教員の目から見る成果

それでも成果はあります。くりかえし述べていますが、枚方市の業務改善改革の柱は「働きやすい職場をつくる」ことなので、そのことを踏まえ、「職場の雰囲気」と「発言ができること」の2点からふれておきましょう。

ひとつめの「職場の雰囲気」ですが、この点は桐山校長もふれていました。ここでは育休明けの藤本先生のインタビューを紹介しておきましょう。

――どうですか、この学校は。（他の地域では）早く帰るのが申し訳ないっていう雰囲気の学校もよくあるって聞くんですよ。

藤本　雰囲気的にはぜんぜんないです。いま部分休業というのを取らせてもらっていて。いろんな権利があるんですけど、いまは4時に帰れるというのを使わせてもらってるんです。それはお給料に影響するんですけど。（子どもが）5歳か、何歳か忘れたんですけど、それまでは4時に帰れるんです。だから、4時に帰れるように会議とか工夫してくれたり、事前に声かけてもらったりするし、ほんとにまったくそういうストレスはないです。（中略）

この学校は、本当に気を遣ってくださって、私がやりやすいように考えてくださっているなってすごく感じるので。放課後のいろいろな会議もあるじゃないですか。それも、これ（業務）しといてくれたら、もういいからね、みたいな感じで会議に出なくてもできるようにしてくれる。

仕事自体をちょっと減らしてもらってる部分はあると思います。

藤本先生は育児のため２０２２年度は時短で働いています。藤本先生の働き方にできるだけ支障が出ないように、また藤本先生が時短で働いていることにプレッシャーを感じないように、教職員が協力できるような雰囲気ができています。３章で学級担任制の責任の問題を示しましたが、桐山校長も、学級担任がほとんどの責任を持つ体制への疑問を投げかけています。そうした状況を少しでも改善するため「分業と支え合いを日常化する」ことが必要であるといいます。藤本先生が感じている協力的な雰囲気は、業務改善によって「分業と支え合い」が職場に根づいたことによって生まれたのではないでしょうか。その意味で、蹉跎東小学校では実現できていると言えそうです。

二つめが「発言ができること」です。一見すると業務改善とは無関係に思えますが、業務改善の課題を考えるうえでは「個人の問題」を発言することが重要です。発言することは、業務改善を進める要因であると同時にその成果でもあります。

ここでは依田先生の声を聞いてみましょう。依田先生は、校内研修のディスカッションでアイデアを速やかに具体化することを管理職に主張していましたが、発言の意図を次のように言います。

依田　この学校、業務改善（推進）校になったのが3年くらい前で、そのときに僕の感覚では「変わるはずない」と思ってたことが、「職員の意見で変わるんや」っていうのが業務改善の醍醐味とか手応えを一番感じられるところやなと思って。（中略）業務改善校になったときに、いろんな話をしていくなかで、動かせへんと思ったところが動かせたりとか、それによって自分たちの余裕が出てくる、自分たちが働きやすいように意見を出したら変えられるんやっていうのが、「これが業務改善校なんや」って思ったんです。

推進校になる前は、働き方は「変わるはずない」と考えていた依田先生ですが、業務改善の経験のなかで、意見を表明することで働き方を変えられることを実感し、それが業務改善の醍醐味であり手応えであるといいます。藤本先生も同じようなことを述べていました。子どもたちの登校時に（8時から）当番制で校門に立つ業務を、教職員が声を上げて廃止したといいます。さまざまな仕事が理由もなく当たり前となっているなかで、「当たり前のようにあるものが、『なんでだろう』って、そこで教師が言えるようになったっていうか、『これなくてもいいんじゃないですか』っていうのが、権利の主張とかそんなんじゃなくて自然に（出される）。業務改善は別に悪いことじゃないんじゃない、っていう空気になってるのは感じます」と、仕事のやり方や内容に疑問を呈することの重要性を指摘しています。

発言することで、当たり前だと思っていた業務に疑問を持ち、そこから優先順位の決定や廃止という方向へ進む可能性があります。しかも、こうした経験を得ることで、発言することの重要性が認識されます。「発言ができること」は、業務改善を進める要因でもあり成果でもあります。

2-7　同じ方向を向く

「推進校」として3年目を迎えた蹉跎東小学校は、働きやすい職場づくりを進めているようすが窺えます。ここでは、成果をもたらすうえで必要なポイントを一点挙げておきましょう。

業務改善に際しては、課題の共有化（「個人の問題」を「みんなの問題」に）が重要となりますが、そのためには教職員が「同じ方向を向く」ことが必要です。先に見た校門に立つ業務の廃止の際、教職員が同じ方向を向いていたと藤本先生は言います。

藤本　そのときは確か、職員会議とかそういうのだったと思うんですけど。これ（業務）いるかいらないかみたいな話をしたのは最近で、それまではみんなが訴える形で、こうしてもらえませんかっていう感じだったように記憶してます。

——いろいろな部分の訴えがしやすくなった？

藤本　そのほうがいいよねって、みんなが同じ方向を向いてやっているような感じがします。

「同じ方向を向く」といっても、自然にできる場合もあるかもしれませんが、蹉跎東小学校を観察すると、管理職の役割が大きいことに気づきます。ここでも先生方の声を聞いてみましょう。

——業務改善において管理職、とくに校長先生の役割って大きいですか？

藤本　そうですね。

——どういう意味で、どういう点で？

藤本　どんどん（改善）していこうっていうふうに、管理職の先生が思ってくださるっていうのはすごく私たちとしては心強い。昔のイメージってなんか、ここ（業務）を減らしてほしいみたいな感じ、（管理職が教員に）訴えかけるみたいな、そういう感じがあったんですけど。（いまは）そうじゃなくて、一緒にどうやったら改善できるかなって引っ張っていってくれるような感じが、イメージですけど。

藤本先生は、桐山校長が「一緒にどうやったら改善できるかなって引っ張っていってくれるような感じ」で接していることが、業務改善において大きいと言います。これは藤本先生だけではなく、他の先生も同じような意見でした。

教育委員会の高山さんは、「推進校」を巡回するなかで、業務改善に対する教職員の意識の向き方は、管理職によって大きく変わることに気づいたと教えてくれました。そして、桐山校長について次のように言います。

高山　同じことをしていても、その教員の満足度とか、自分たちが業務改善をしている意識は、桐山先生の持っていき方が上手で、満足度が高いんです。だから教員のやりがいも高いですし、同僚間でのやりとりもしっかりできているという、同僚間の支援も高い結果が出ています。一方で、ただたんに「こうすんねんで、ああすんねんで、これしたら楽やねんで」というような下ろし方（＝管理職から教員への指示）をしていると、教員は自分ごととしてとらえないので、業務改善が進んだとか、時間が削減されたという意識が芽生えにくいです。

管理職が上から指示しても、業務改善は自分の問題とはならず、思うように進まない一方、桐山校長は教職員のあいだで課題を共有する雰囲気をつくりだすことに成功しているため、教職員の職場に対する満足度が高く、ストレスチェックの結果も良好であるといいます。働きやすい職場づくりにおける管理職の役割の重要性が窺えます。

2—8　残された課題

ただし、蹉跎東小学校の全員が業務をうまく改善できているわけではありません。業務の性質上、時間外勤務が減らない教員もいます。今回のインタビューでいえば幸田先生が該当します。幸田先生は、国語を中心に、若手教員に対するアドバイスや、教材研究からチームティーチングまで授業づくりの指導を行っています。職務の性質上、校内のさまざまな先生とかかわります。そのため、授業で悩んでいる先生がいると勤務時間外でも相談に乗ったり、一緒に考えたりすることが多いといいます。

幸田　（若手の）先生一人が残ってるときに帰れるかってていわれると、残して帰れないっていうところもちろんあるし。困ってるからやっぱり誰かが教えてあげたり、一緒にやってあげて初めてわかって、やって良かったとその先生たちはなるのかなと思ったときに、放って帰れないというところもあったり。

業務は改善できていますかと筆者が尋ねると、「できるだけ早く帰ろうと思っていますし、土日来ないようにしたいと心がけているんですけど。やはり私のいまの立場は、いろんな先生とのかかわりのなかで成り立っている立場なので」と、業務はなかなか減っていないといいます。教材研究が好きで、楽しんでいる幸田先生は「遅くなっても、ストレスが溜まってみたいな、そんなふうには自分は思わなくて」と言いますが、仕事と私生活のバランスを考え直す必要があるかという質問に、「思ったりします。犠牲にしたものはいろいろあったなと思いますけど」と答えています。

幸田先生の働きは校内の授業力の向上につながっています。しかし一方で、働き方という点で見れば、現在の業務を改善する余地はありそうです。ただ、業務の性質上、「推進校」の自主的な取り組みによる改善＝「実践による改善」というよりも、教員数の増加など行政主導の改善の範囲なのかもしれません。

2―9　小括――思うこと／実践することの違い

蹉跎東小学校を事例に、小学校における業務改善の取り組みを記述してきました。詳しく言及できなかった点もありますが、そのようすは伝わったと思います。

一方、蹉跎東小学校の取り組みを「ありきたり」と感じる読者（とくに教員の方）がいるかもしれません。しかし、考えなければならないのは、「ありきたり」のことがこれまで継続的に実践できていない現実です。「ありきたり」と思うことと「ありきたり」を実践することは大きく違います。たとえ「ありきたり」でも、それを実践するには、教職員が自分の意見を遠慮なく発言し、同じ方向を向き、また管理職がそれを支えることが必要です。その結果として働きやすい職場がつくられるのです。

もちろん、課題もあります。蹉跎東小学校でも、勤務時間に厳格になりすぎる雰囲気が生じ、どんな状況でも残業＝悪という意見も出てきている、と桐山校長は言います。たしかに残業は削減しなければなりませんが、時間だけにとらわれると教員としてのやりがいを失ってしまう可能性があります。この点について依田先生は、インタビューを受けながら、次のようなことを実感したと話してくれました。

依田　ただ時間を減らして、やらなければならないことの時間が減った先に、一人ひとりの先生のやりたいこととか、考えたいことがあるならいいんですけど、ただただ（時間を）減らしてというのは浅いなって、すごく思います。（中略）業務改善する目的は、自分たちが授業するのがめっちゃ楽しいとか、教材研究していい授業ができたとか、子どものことをもっとわかって好きになったとか、この仕事が楽しいって思えたとか、そういうイメージに戻ることも大事なのかなって、いま話していて思いました。

労働時間の短縮だけでなく、やりがいや授業の質の向上、そして一人ひとりが楽しく教員生活を送ることも追求する蹉跎東小学校は、地道にではあれ着実に成果をあげているといえます。

3　長尾西中学校

３－１　「自分の生活を大事に」から業務を見直す

長尾西中学校も、枚方市の業務改革推進校として、日々現場からの業務改善に取り組んでいます。以下では、学校長の若田淳子先生と若手教員である臼井先生、宇原先生（ともに仮名）の３名の語りを紹介していきます。

臼井先生：１学年副担任、教員歴８年目、男性
宇原先生：３学年担任、教員歴７年目、男性

蹉跎東小学校と同様に、長尾西中学校でも職員室の整理、ＩＣＴの利用、朝の職員会議の廃止、会議時間の短縮など、身近なところから業務改善が行われています。こうした取り組みが推し進められる背景には、教師自身が自分の生活を大切にしていこうという考えがあったと若田校長は言います。若田校長が前任校で業務改善に取り組んだ当初の状況は、次のようなものでした。

若田　学校で、やっぱり先生たちが心豊かにならないと子どもらに教育できないだろうと思っていました。（前任校では）当初はもう、職員室が物で一杯で、どの先生も圧迫されていました。そのときの目標は、とにかくこの学校を働きやすい環境にして、職場として相応しい環境にしたいというものでした。それで業務改善校に手を挙げさせてもらって、そうするとアシスタントさんが

一人付きますので、一緒にお片付けを始めて……。前任校では全部の窓からグラウンドが見える、物は高く積まない、要らないものを捨てる、という環境をまずはつくることをめざしました。

ここで語られている「片付け」のひとつひとつは、特別な取り組みには見えないものです。たとえばペンやクリップの置き場所を決める、使用した後に戻す場所が見てわかるようにする、といったことです。しかし、「働きやすい環境にする」「職場として相応しい環境にする」という考えの具体化として、非常に重要な一歩であったといえるでしょう。

教師たち自身を大事にするために働き方を変える、という考えは、新たに赴任した長尾西中学校でも日常的に教員たちのあいだで共有されていきます。宇原先生は、管理職とのやりとりから感じていたことを以下のように語ってくれました。

宇原　管理職の先生方が、僕たちの働き方を変えようというか、業務時間を減らそうというか、配慮しているなというのはすごい感じます。(中略)勤務するにあたっても、家庭のことを第一にというのは校長先生からキーワードで出ますし、ご自身の身体を大事にというのはよく口にされるので、僕たちの生活のことだったりとか、そこをすごく気にしてくださってるなというのは感じます。

「家庭を第一に」は言葉だけではありません。臼井先生の語るエピソードでは、このキーワードが示す姿勢がまさに体現されています。

臼井　去年、二人目の子どもが生まれたところなんですけど、「もしかしたら（妻に）陣痛が来たとき帰らせてもらうかもしれません」とか、そういう相談させてもらったときは「そんなんええから。学校のことは他の先生が後はカバーできるから、家庭優先し」と言っていただけたので、すごくそういう相談はしやすかったです。

業務改善では、取り組み以上に考えの共有が重要だということは、前節までで見た通りです。その考えの共有には、会議だけでなく日常的な声掛けや関係づくりも重要であることがわかります。理想を提示するだけではなく、実質的な業務改善が行われる鍵は、こうした日常の些細な部分にあるといえるでしょう。重要なのは、こうして理念が共有されることで、一人ひとりの教員が業務改善を進める担い手になっていくことです。管理職と相談しやすい関係はここでも力を発揮します。臼井先生は、「どんどんやっていきや」「いろいろ動いていいよ」という校長の声掛けから、業務改善のアイデアをみずから提案するようになっていったといいます。

臼井　思いついたときに、こうしたらもっとスムーズやなと思ったことはノートにまとめておいて、（校長との）面談時に「ここ、こんなふうになったら見やすい気がするんですけど」みたいな感じで相談させてもらってます。（校長先生は）「それは担当がどこどこだから、どこどこに言って」

って後押ししてくれる。

長尾西中学校では、管理職のトップダウンと、一人ひとりの教員からのボトムアップのバランスが、うまくとられていることが窺えます。

3─2 「子どもと向きあう時間」をつくりだすために

長尾西中学校では、業務改善の取り組みによって、仕事の量や質には具体的にどのような変化があったのでしょうか。現場の教員たちが第一に語るのは、意外にも労働時間に関するものではありませんでした。たとえば、長尾西中学校ではＩＣＴが導入されてから、朝の職員会議が廃止されたり資料の印刷業務が削減されたりしています。これにより、会議にかかわる時間自体はたしかに短くなっています。しかし先生たちからすると、より大きな違いは「子どもと向きあう時間」がわずかに増えた点にあるようです。

──ペーパーレスで会議のあり方は変わりましたか？

若田　朝の8時半に教室で子どもたちの出欠をチェックするんです。で、そこからいったん職員室に帰って、8時45分からが1時間目なんです。この15分間のうち3分くらいが子どもたちと一緒に過ごしてる時間でした。いままでやってた職員朝礼と学年の打ち合わせを全部なくして（中略）その時間を利用して、朝の読書を子どもたちと10分くらいするんです。そこも子どもたちの課題なので、先生も教室で一緒に読んで、静かに出てきて、次の教室へ授業しに行く。子どもたちも次の準備をできるし、(ぎりぎりの時間に) 走り込んできた子も少し落ち着けるっていう時間を取れるようになりました。

宇原先生も、ＩＣＴが業務時間の削減よりも「子どもと向きあう時間」を生み出すきっかけになっていると語っています。

宇原　(職員朝礼をしない) メリットは、その時間に子どもたちと向きあえること。どうしても、朝読書のあいだに職員室に戻ると生徒たちのようすが確認できない。(中略) 登校してきて、生徒のようすがいつもと何か違うなとか、今日何かこの子、読書せんと課題やってるなとか、朝来るのぎりぎりやったなとか。その後の表情を見たりすると明らかに変わったようすがあったりします。何か大きなことがあった次の日とか、懇談会の次の日とか、教育相談した次の日とか、そういうときは僕もとくに気をつけて見るようにしてるんですけど、そういう細かなことです。

臼井先生は、こうした生徒の変化が観察できることが、教師の仕事のやりがいであるといいます。

臼井　僕はやっぱり教師っていうのは、成長を見られるのがいい仕事やなあってすごく思うので。成長ってほんまに一瞬じゃないですか。そこを見るっていうのが子どもと向きあうっていうことなのかなと思います。

業務改善がもたらすものは、教師にとっての労働環境の改善だけではありません。日常の子どもの対応に余裕ができ、変化や成長を見とることができるという、教育活動そのものの改善につながっています。それにより、教師は教職のやりがいや意義を再確認できる。こうした好循環が、ここでの語りから見えてきます。

3–3 「スクラップ」のための共通経験

中学校での業務改善でも、まずはそれまでの慣習をやめたり変更したりすることが必要になります。こうした業務の「スクラップ」は、しばしば大きな抵抗や反論にさらされます。その際にやはり重要になるのが、周囲に「理解を求める」ことです。2–4節でも、小学校が地域住民や保護者に業務改善への理解を求めることに腐心するようすを紹介しました。以下ではこの点をさらに深堀りしていきます。若田校長は、新型コロナが業務の「スクラップ」のきっかけとして働いた部分があると言います。

若田　学校の一番あかんところは、何もかもが前のことを捨てられないところ。それは物もそうだし、行事とかルールとか、そういうのも何も捨てられない。「前にこうやっていたから」とか「去年こうだったから」が多い。それも変えていかないといけないなと思っていたときにちょうどコロナが来た。これはもう、休校もしなくちゃいけなくてすごくしんどかったですけど、これを機会に変えてしまえっていうことがたくさんあったので、「もう利用するしかない」と、いろんなものをやめていきました。

裏を返せば、この語りには、学校の中で毎年行われていることをやめることの難しさがあらわれています。慣習に対して課題意識を持っていたとしても、それぞれ複雑に絡みあう業務を変更することは容易ではありません。コロナによる一斉休校は学校に大きなショックを与えるものでしたが、それはある意味、劇薬として、従来の業務を強烈にスクラップするものでした。

また、コロナによって部活動が行えない期間が、教員たちの家庭に対する意識に大きな影響を与えたと若田校長は言います。

若田　クラブ（活動）しないという状況を４か月間、先生が初めて体験したんですよ。それなら家へ早よ帰るじゃないですか。５時にみんな帰るんです。だから、早く帰って家族と過ごすことの楽しさを知った。（中略）それくらい、やっぱり強引なことが必要だったんだなって。（いままでは）「自分は子ども待ってるから帰ります」って言うことに（先生は）すごい抵抗もあっただろうし。私もそうでした。子育てしてるときに「保育園（のお迎え）あるんで帰ります」がすごい罪悪感やったんです。でも、仕方ないから帰るし、みんなもそう責めてないんですけど、これ最後まで指導したかったなとか、ここ最後まで出たかったなっていう罪悪感もあった。（中略）今回のコロナで（自分の子どもを迎えに行くことが）当たり前になって、仕事も楽しい、家族も楽しいっていうメリハリがつくれるようになったし、お互い譲り合いもしやすくなりました。

それまで当たり前に行っていた業務を見直すためには、その業務のあり方と距離をとる必要があります。学校内部で働く教師たちにとってそれは、外部から想像する以上に難しいことであるようです。「自分の家族を大事にする」ことの重要性を頭でわかっていても、それを行動に移す際には罪悪感や抵抗感を抱いてしまう。こうした状況を半ば強制的に相対化するきっかけがコロナであったということでしょう。この意味では、全国の学校にとって、まさにいまこそが業務の見直しを行う「チャンス」であるといえます。

3-4　部活動をめぐる葛藤

コロナという劇的な経験をきっかけに、長尾西中学校はさまざまな業務のスクラップ、見直しに取り組んでいくことになります。しかし、それは決して平坦な道ではありませんでした。とくに部活動をめぐる業務の見直しは、各方面への理解を得るためにかなりの苦労があったと若田先生は言います。

若田（着任時には）朝練があったんです。それも割り当てであったんです。何曜日は何々部とかいう割り当てがあったので、これおかしいでしょと。先生の勤務時間は8時半（から）でしょと。8時半前に割り当てがあるっておかしくない？　って。あと放課後も、やっぱり子どもたちのクラブ（活動）を見るっていうお仕事はわかるけど、それはあくまでも安全管理をしてあげることであって、それでいけば８時半から５時の勤務時間内に収めるべきっていうのを春に（長尾西中学校に）来てすぐ（教員に）言ってしまって、「はぁ？」とかみんなに言われて。

勤務時間外には仕事を割り振らないという提案は、労務管理として至極真っ当に思えます。ところが、当初の教員たちの反応は否定的なものでした。勤務時間外の部活動が、教員にとっての慣習として疑う余地のないものになっていたことが読み取れます。その後、教員との議論を通して、長尾西中学校では部活動の時間を８時半から17時までのあいだに収めるという方針がとられました。勤務時間外に仕事を割り当てない。帰らなければいけない先生が帰りにくい状況をつくるのはおかしい。こうしたシンプルかつ強力な考えが、部活動業務の見直しの方針でした。

しかし、こうした方針は、保護者にすぐさま受け入れられるわけではありませんでした。当時、中学校の部活動は７時半からの朝練に始まり放課後は18時まで行われ、土日もたっぷりと練習があるものだという認識があったようです。平日や休日の練習に関しては、学校は大阪府と同様の時間規定[4]を伝えるそうですが、それでも保護者との認識のギャップを埋めるのには苦労すると若田校長は言います。

若田　土日のクラブがやっぱりネックです。（中略）子どもらはようやめんし、親は子どものためやったらってお金も出しはるし。そのうちに、土日（も指導を）やってもらって当たり前っていう雰囲気ができたんだと思うんですよ。だから今回、朝練もなしだよ、17時までだよ、でも理由があったら練習を延長できるよ、ということを伝えても、保護者から何本も電話がかかってきました。うちの子は朝練が命やったんです、と。

一方で、保護者の中には土日の練習がなくなることに賛成の方もいます。「保護者が100人おって100人の感覚が違うので、全員がはいと思うことはできない」という若田校長の語りには、多様な思いが飛び交う部活動に対して理解を求めていくことの苦悩が色濃くあらわれています。

また、保護者だけでなく教員も、部活動に対してさまざまな思いを持っています。このことも部活動をめぐる業務改善の葛藤状況を生み出していました。たとえば同校では業務改善の研修のなかで、多くの教員が「時短」を目標に掲げたものの、その目標はすぐに形骸化してしまったといいます。やはり、実際に部活動の時間を減らすことには抵抗があるという教員の現実が、理想としての「時短」とのギャップを生み出していました。

若田　(時短は)そうなったらいいなって希望ではあったと思います。(中略)でも、部活をずっとそこそ隠れてやってるとか、休みの日によその学校に行って日中ずっと練習してるとか。(タイムカードの)打刻を誤魔化してるとか。そういった教員の中には時短を目標に掲げた教員も入ってて。(中略)(時短に関して指摘したら)「うーん難しいっすよねぇ」って最初から言うてる教員もいました。

部活をめぐる葛藤状況は複雑です。業務改善の話し合いのなかで挙げられた「時短」という目標は、各教員が働きやすい学校のあり方を考えた際に自然に出てきたものであるといいます。しかしその一方で、毎週のように部活の試合が設定されていて、そこに向かって生徒が活動しているという状況では、教師個人は部活の業務をせざるを得ません。部活動の指導を望む望まないにかかわらず、選択の余地がない状況が、教員の日常を取り巻いていたことが窺えます。

しかし、こうした葛藤状況は永遠に変わらないものではありません。現に長尾西中学校では、しだいに教員の部活に対する認識が変わってきたようです。

若田　断りたい、けど断れない。生徒がいるから。ただその（部活指導をしていた）先生が言ったのは「それでも、早く帰ることに抵抗はなくなりました」ということでした。自分には仕事がないと思った日にパッと帰ることに抵抗はなくなりました、と。それが前はあった。「帰れるけど、みんな帰ってないしな」という帰りづらさはなくなって、「俺はこれ（業務目標）守ります」と言って帰ることもありました。

部活指導に従事する個々の教員が、このように実際に行動を変えるまでには、さまざまなきっかけや長い時間を必要とするでしょう。それでも、長尾西中学校に生まれはじめた風潮は、教員の働き方が現場から変わっていく可能性を感じさせます。それは、実際に部活にかかわる先生の語りにもあらわれていました。宇原先生は部活指導に力を入れていますが、冷静な口調で部活動の今後を語っています。

――部活に力を入れている？

宇原　そうです。担任は1年間ですけど、クラブは3年間なんで、そこでの成長はやっぱり（大きい）。いままでたくさんの子とかかわってきてそう感じます。

（中略）

——でも一方で、とくにいま中学校の先生方の働き方改革で、部活動の地域移行が行われようとしていますが、それについてはどう思われますか？

宇原　まったくその通りだと思います。（中略）（部活動が）地域移行していくことで、職員全体がもっといろんな方向に矢印を向けられると思うんですね。クラブがなくなるだけで。やっぱり職員の中でもクラブにこだわっている人と、クラブはまあ別におまけやと思ってる人もいる。（部活が）メインじゃない、それは別に一番大事なことじゃないので。だから、そこがなくなったらもっと職員全体が、子どものほうとか教材のほうに矢印が向くなって思うから、地域移行できればいいなって。まあ、いろいろ諸問題があるんで簡単にできない。でも、（部活に）すごいストレスを感じてる先生もたくさんいはると思うんで、業務改善だったらクラブのほうに向くのは仕方ないと思います。

——先生は、たとえば業務改善でクラブを地域移行しましょうとなったら、どうかかわりたいですか？

宇原　そうですね。かかわっていくつもりです。

——ただ、それを他の先生方に強制はしない、と。

宇原　それはまったく必要ないと思います。

宇原先生は、教師の労働範囲の原則と、みずからが希望するかかわり方をはっきりと区別しながら、部活動に対するスタンスを述べています。実際には、まだまだ部活動には「どうしようもなく」かかわらなければならない部分が数多く残っているでしょう。それでも、こうした意識が教員のなかに芽生えていることは、部活動の業務改善が一歩一歩進んでいることの証左であるといえます。

3-5　学校の職務を再定義する

業務改善のために、学校が内外への理解を求めていくようすをこれまで見てきました。しかし「理解を求める」ことは、学校側の方針を伝えるだけでは達成されません。それよりももっと根本的な課題、すなわち、学校の職務の範囲を再定義し、それを地域や家庭と共有するという課題に取り組む必要があります。たとえば長尾西中学校では、これまで夜間に出歩く生徒を指導するために夜の見回りを行っていましたが、若田校長はこの業務の撤廃を地域に伝えたといいます。

若田　公園にいるだけで怒られるんです、中学生。「公園に中学生が5人もいるんですけど」、そんな電話がかかってくるんです。「なんかご迷惑かけてますか」って言ったら「なんか喋ってます」って。地域の子なんでって言っても、おるだけで怖いって言われるんです。（中略）学校はすべて面倒見るとこじゃないので。（中略）なので、前任校もそうですし今回もそうですすけど、夜のパトロールはもうしませんって地域に言ったんです。

――ここ（長尾西中）でも、もうその話をされたんですか。

若田　はい。この前、生活指導委員会の教師も「どうしましょう」って言うから、いや、生活指導委員会さんとしての意識は持ってほしいけど、たとえば夜回ることの意味はなんですか？　って。昔は溜まり場があったり、暗がりでシンナー吸ってる子とかに対して学校の先生が「何してんねん」っていう、そういう構図だったんですけど。夜（子どもを外に）出してるのは親やん。じゃあ親の責任でしょ。だからもう、夜パトロールする必要ありますかって。で、皆さんが日常生活で、ここの街灯が消えてるから危険とか暗いとか、それは生活委員さんが情報集めて、たとえば地域に出してくださいと。そういう形はあるとしても、生活委員さんも（自分の）子どもを家に置いて夜パトロールしてどうすんの、そのあいだに子どもは何してるのって。これは小学校とかでもありますよね。

――ありますね。

若田　なので、もうしませんって。夜の緊急な仕事はまた別ですけど、パトロールであるとか、そういうものは先生たちに命じませんっていうことを言うてきました。

このほかにも、長尾西中学校では、地域のお祭りのパトロールなど、夜に教員が外に出る業務は基本的に撤廃されています。近年、地域や家庭からの学校への期待がますます高まっているなかで業務削減を行うことは、学校長といえども簡単にできることではありません。しかし重要なのは、ここでも地域や家庭との対話を通して見直しが行われている点です。学校の本来的な業務の範囲と、地域の事情を鑑みたときに学校が担わなければならない業務の範囲は、かならずしも一致しません。そうしたときに、慣習的に地域の仕事を引き受けるだけでなく、適宜話し合いを重ねながら、学校の職務を定義し直す作業が必要となります。若田校長の語りからは、「本来の業務の範囲」について共通認識を持つことが、そうした話し合いの出発点であるということがわかります。

3-6　小括――「教師はブラック」イメージの危険性

いままで行われていたことをやめていくスクラップの作業は、個別の部分だけを取り出せばネガティブに受けとめられがちです。しかし、ここで強調したいのは、長尾西中学校が苦心しながら取り組んでいるこのスクラップ作業は、働きやすい職場をつくる、先生も楽しく働くというポジティブな目標に向けて行われているという点です。この根本の方向性が共有されているために、先生たちは日々の持続可能な働き方を前向きに模索しつづけることができているようです。

本節で紹介した中学校教員の働き方のようすは、かならずしも現時点で「完璧」なものではないかもしれません。残業時間が多い先生もいますし、まだまだ見直す余地のある仕事は残されていることでしょう。しかし、自分たちの仕事のあり方を見つめて、教師の仕事をより良くしていこうとする姿は、報道などで紹介される「ブラックな教育現場」の教師とはずいぶん違った印象を受けます。

近年の教職イメージについて、宇原先生は以下のように語ってくれました。

――いま、ワイドショーとかニュース番組とかで、教師の多忙化特集とかドキュメンタリーみたいなのをやっていますけど、そこで言われていることっていうのはどう受けとめられてますか？

宇原　前に一回、（日本の）中学の教職員は世界で一番働いているみたいなのを見たときに、なんか面白かったです。

——面白かったというのは？

宇原　「嫌々働いている」みたいな表現やったので、わかっていないないなあと思いました。

こうした感想を宇原先生が抱いた背景には、自分の時間外労働が基本的には力を入れている部活動であること、そして、家族との時間も現在はとれていることなどがあるようです。教師の仕事は決して楽でも暇でもありません。しかし、自分が楽しさを覚えていたり、仕事をコントロールできている感覚を持っている場合には「ブラック」という表現は適切ではないのかもしれません。そのため、「ブラックさ」が強調されがちなツイッターの「#教師のバトン」ハッシュタグでの書き込みにも、宇原先生は違和感を覚えたといいます。

宇原　ツイッターとか見ていると、すごい愚痴っていて、ハッシュタグで「教師のバトン」とかやっているんですけど、書いてることも理解できんこともけっこうあって。そもそも学校の先生になった理由がぜんぜん違うんかなあっていう。そこがもう違うんかなっていうふうな感覚はありました。（中略）

——過酷でつらい先生像みたいなのは、ちょっとギャップを感じるということですか？

宇原　そうですね。それを経験して、そういうことがあったときも「まあ、経験になるか」みたいに切り替えられるように気持ちが強くなったというんですか。それがあるからかもしれないです。

――うちの学生は「教師のバトン」のツイートを見て「（教師に）なりたくない」って。あれを現実だと（受けとっている）。

宇原　そうですよ。あれは良くないです。

「時間外労働」とひとくちに言っても、その意味づけられ方は、その労働のありようによって大きく変わります。とくに、各教員がこだわりや自律的に行う余地がある業務（部活動や学級通信づくり、授業研究）は、勤務時間外で行われる場合でも、負担の感じられ方が違う場合があるようです。臼井先生の以下の語りには、そうした教員のリアルな感覚が端的にあらわれています。

臼井　宇原先生が言ってはるみたいに、まわりの支えがないとしんどいっていうのもそうなんですけど、やろうと思えば教師はいくらでも時間を使えるんです。子どもたちのために何かしてあげる。そうなったら青天井。（中略）そうやって楽しんで（仕事量を）増やしている人も多分いっぱいいると思うんですよ。

――楽しんで増やしている。

臼井　趣味みたいな感じで。学級通信とかも、僕も好きやから書いて。子どもらが「今日（自分のことが）載ってる」とか（喜んでくれて）、すごい好きやから毎日書いとったんです。そんなんとかも趣味でやってるだけであって。もちろんそれで時間を使うから（労働時間が）伸びるんですけど、自分がそれで子どもたちのためにやって「わー、良かったな」「わー、楽しかったなあ」とかあったら、「あー、良かった良かった」と満足。体力は削られるけど、心は豊かに個人的にはなるから、そういう人もいるので。（中略）みんながみんな、嫌々（労働）時間を伸ばしているんじゃなくて、僕はまわりにそういう、いろんな楽しいことを考える先生がいたので、それを見ながら「あ、じゃあこんなのどうです」って言って（会話が）花開いたら21時。「わー、家帰ったら（家族に）怒られる」みたいな。

——そう思うと、やりがいを見つけられなくなったら、やっぱりつらいだけになっちゃうんですかね。

臼井　そうですね。機械的な作業になっちゃうと。うちの（学校の）中でも業務的にしんどくなって、心に余裕がなくなってきたときに、生徒がやったことに対してイラっとして当たっちゃうこともあるんですけど、それはあかんなあと思う。やっぱりそのときって心に余裕がなかったりとか、自分がまず楽しんでいない。

こだわって、楽しんで、自律的に業務に取り組んでいける部分が日常的に存在するということは、個々の先生が教職を続けていくためにきわめて重要なポイントです。しかし、現場の先生たちの語りから見えてきたことは、この仕事としての喜びがある部分が、むしろ勤務時間外に押しやられてしまっているということでした。「時間外労働」は、その量的な要素（残業時間）だけでなく、質的な要素（残業内容）にも鑑みて検討される必要があるということでしょう。いずれにせよ、単純に「教師はブラック」という言説では、実際の教師の働き方はむしろ見えなくなってしまう危険性があります。

4　業務改善に取り組む学校現場から見えること

本章では、蹉跎東小学校と長尾西中学校の取り組み事例と教員の語りを紹介してきました。二校の事例は限られたものではありますが、業務改善に実際に取り組んでみてはじめてわかる課題や効果の一端が垣間見えたのではないでしょうか。小学校と中学校という異なる校種でありながら、両校の取り組みには、学校が業務改善をするにあたって共通する重要なポイントがありました。

まず、業務改善に対する「理解」の達成が不可欠であることです。これには教員間の理解だけでなく、保護者の理解、そして地域の人々の理解も含まれます。業務改善はさまざまな慣例の見直しや「スクラップ」をともないます。そして「変化」には多かれ少なかれ否定的な反応がともないます。そうした状況で説明や対話を重ねていくことは、それ自体大変な労力を必要とすることですが、業務改善の根幹をなす作業であるといえるでしょう。

第二に、個々の教員がみずから業務改善を進めていける仕組みづくりです。終始トップダウンでは業務改善は成功しません。はじめの動き出しは管理職主導であっても、最終的には一人ひとりの教員が、みずからの仕事の仕方を変えていくことなしには、持続的な改善は望めないからです。そのような現場からの業務改善を可能にするためには、管理職や同僚と些細なことでも相談できる関係性や雰囲気づくりが必要になります。つまり、そのような相談できる、話しあえる職場づくりも管理職に求められる要素であるということでしょう。

第三に、現場で変えられる部分を見つけていくメンタリティです。業務改善に取り組むなかで見えてくるのは、むしろ現場だけでは変えられない、教職を取り巻くより大きく構造的な問題かもしれません。たとえば授業時数や教員人数の問題は、多くの先生から語られています。

依田　週1でもいいから、4時間授業で（生徒が）帰ってくれる日が毎週続けば、そこで1週間の見通しをもって、来週の見通しもできるし、子どもの話もできるし、教材の話もできる。先週はずっと6時間だったので、その後はなかなか時間がとれない。だからそのあたりも、標準の授業時数とか、余裕持って（設定されている）っていうのは理解はしてるんですけど、「足らんかったら、そんときやな」っていう気持ちもあって。カツカツまで削れるなら削ったうえで、4時間授業の日を学校の中で可能な限りつくっていくのが、すごく現実的な働き方改革になるなって実感してます。

宇原　理想は、ひとつの教室に先生が二人おったほうが、T1、T2みたいな感じでできたほうが（良い）。（中略）クラスの人数は20人くらいにできたら業務改善できるかなと。職員の数を増やして。（中略）一人が見る生徒の数を減らせるだけの人件費を国でちゃんと（保障）できれば、業務改善なんてすぐに解決するかなって思っているんですけど。

臼井　1日3（コマ）くらいがいいです、授業。6時間のうち半分が授業。半分やったらめっちゃ楽しい。1日6時間あって、そのうち5時間授業が詰まってるとしんどいです。会議とかあったら、もう自分の時間もほぼないので。授業を作るってなったら、やっぱり朝早よ来るか、夜遅くまでの二択になる。

こうした制度的な課題は間違いなく重要です。仮に現場の業務改善が首尾よく進んだとしても、「現場が努力すればOK」となってしまってはいけません。給与体系、授業時数、教員人数などの改善は今後も広く議論されるべきです。

しかし、明日からの働き方を変えるためには、やはり現在の状況、いまの現場から変えられるところを見つけていく姿勢が欠かせないでしょう。本章で紹介してきたような、教員がみずからの教職のあり方をとらえ直し、日々の業務の意味を問い直しつづけていく過程は、制度の変更だけでは到達できない、より本質的な「働き方改革」といえるのではないでしょうか。

本章で紹介した二校は決して特殊な学校ではありません。そうであるからこそ、両校の取り組みには「普通の学校」でも取り組める業務改善のエッセンスが込められています。本書が紹介した事例が、日本全国の学校で再解釈され、それぞれの学校ごとのオリジナルの業務改善事例が花開くことを筆者たちは願っています。

注

（1）校内での研修以外に、課題の共有化がスムーズである背景には、小学校という組織の特徴があると考えられます。教科担任制の中学とは異なり、さまざまな業務や課題をいずれ担当することがあるという意識を小学校の教員は持ちやすいということです。蹉跎東小の教頭は次のように言います。「小学校だったら課題を共有するっていう意識は、そこ（教科担任制ではない部分）で生まれると思います。みんなが同じ、次は私が持つかもしれないっていうところがあるので、課題を共有するという意識は小学校はけっこう強いと思います」

（2）電話対応の時間について、桐山校長は次のように述べています。「最初、始まりは8時から20時ぐらいまでにして、それで19時、18時と終わりを縮めていって。本校でも来てすぐ中学校と相談して、その夏には8時から18時にしました。それでもバンバンかかってくるんですけど、極力出ないようにしてやっていくことで、いまは定着したかなという」

（3）業務が削減できない背景には、職務の特徴という問題もあります。作本先生は教員になる前に民間企業で事務職として働いていましたが、その経験をもとに教員の仕事の特徴を、異動の激しさと職務の広さであると指摘しています。

作本　学校で何年間の計画でやってても、毎年入れ替わりが多いんで、やっぱりそれがわからなくて、説明はしてるけど、あまり自分で理解できなかったりとかして、それが溝が大きかったりとかもするのかもしれない。

——そうですね。毎年メンバー変わるんですもんね。言われてみればそう……。

作本　一人二人とかじゃなくて、けっこう変わるんで。

（学校の草抜き、害虫駆除、プール掃除などの仕事の話のなかで）

作本　決められた仕事の範囲が狭いですよね、民間は。あなたにはここの部分をしっかりお願いします、みたいな感じだけど、（教員は）なんか全部です。事務作業もそうだし、子どもたちのクラスのこともそうだし、施設のこととか、環境整備のこととかも。朝立番で行って、学期に1回か2回ぐらい子どもたちの集団登校の様子見に行って、とか。

（4）大阪府教育委員会は２０１９年に、中学校部活動について、週2日以上の休養日を設けること、1日の活動時間は長くとも平日では2時間程度、学校の休業日は3時間程度とすることなどを基準として設定しています（大阪府教育委員会「大阪府部活動の在り方に関する方針」２０１９年）。

COLUMN 2

企業の働き方と教員の働き方の比較

金指祐樹（静岡県 公立中学校教員）

本題に入る前に、私の経歴から説明します。私は現在、静岡県の公立中学校で教員（社会科）として働いています。それ以前は民間企業で12年ほど働いていました。その内訳は、大手電機メーカーで６年、損害保険会社で６年、法人営業職として勤務していました。その後、教員採用試験を受けて教員となりました。現在で教員歴は９年目で、その間、担任や学年主任などを経験しました。

このコラムでは、民間企業12年間、教員９年間の私の経験に基づいて、企業との比較を通して教員の働き方を考えてみたいと思います。ただし、ここで述べることはあくまで私の経験と視点からみた比較であり、主観的な要素が大きいことをお断りしておきます。ひとつの視点としてとらえていただければ幸いです。

1　企業の働き方と教員の働き方

企業と教員では働き方に大きな違いがあると想像する読者もいると思われますが、大きな相違があるという実感はありません。労働時間の長さや、即戦力が求められること、職場の人間関係、業務量、求

表C-1　企業と教員の働き方の類似点と相違点

類似点	相違点（企業と比べ、教員は…）
・労働時間の長さ ・即戦力を求められること ・職場の人間関係 ・上司との関係性 ・上司からの指示や命令 ・求められるスキル ・業務量の多さ	・スケジュールの裁量のなさ ・休みのとりづらさ（誰かに負担がかかる） ・休憩時間のなさ ・効率化できない時間の多さ ・土日の仕事：週休２日ではない （中学校の場合は部活）

められるスキルなどは類似しており、大きな違いがあるとは思いません。求められるスキルとは、たとえばコミュニケーション力、問題解決力など多くの仕事で必要とされるスキルです。また、仕事における理不尽なことは、多かれ少なかれ企業でも教員でも生じます。

こうした類似点がある一方、大きく異なると感じるポイント（表C-1）を説明します。

①教員にはスケジュールの裁量がない

教員の働き方が厳しい（多忙である）といわれるひとつの要因は、スケジュールの裁量のなさではないかと考えています。企業勤務者の多くは自分のスケジュールの裁量があります。工場勤務のブルーワーカーでも、シフトを選ぶことやシフトを変えること、場合によっては勤務時間を変更することもできます。一方、教員は授業時間が固定されています。そのため自分のスケジュール管理の裁量が存在しません。授業は分単位でスケジューリングされており、自分では変更できません。そこが教員の働き方が厳しい（多忙である）ことのひとつの原因ではないかと考えます。

私は企業勤めのとき法人営業を経験しましたが、ノルマのきつい営業の仕事でも、お客を何件訪問するか、何件のアポイントを入れるかなどは、日によってその都度自分でコントロールができました。つまり自分でスケジュールを管理できたのです。仕事や働き方をそのときに応じて変更できるということです。オフィスの事務作業であっても、状況に応じて（たとえば今週は疲れているといったときなど）仕事の量を軽くしたり、自分で調整したりすることがある程度可能でした。多忙なビジネスマンは分単位でスケジュールが埋まっていても、それを自分でコントロールできれば大きなストレスを抱えずに済みます。ところが教師の場合、スケジュールを自分でコントロールできず、変更できません。そのため大きな疲労感を感じることがあります。逃げられない、休めない、働かされている、と多忙感を感じてしまうのです。あまり指摘されませんが、企業と学校の両方で働いてみて私自身が感じる大きな差異は、スケジュールの裁量です。

②企業よりもさらに休みをとりづらい。誰かに負担がかかる

教員が休暇をとることは、右記のような固定化されたスケジュールに穴をあけることであり、穴があいた場合はかならず誰かに埋めてもらわなくてはなりません。営業職であれば、アポをキャンセルしてリスケジュールが可能です。しかし教員の場合は生徒がいるので、代わりに誰かが対応しなければなりません。現在の学校現場には余剰人員はほとんどおらず、埋め合わせに入る人にも仕事があります。たとえば中学校の教員の場合、授業の空き時間はありますが、空き時間でもさまざまな業務を行っており、他の人の穴を埋めることで、その人の貴重な空き時間を奪ってしまうのです。誰かが休暇をとることで他の教員にかならず負荷がかかるというのが実態です。休みづらく、自分が休むことに負い目を感じる

ような仕組みになっています。

③教員に休憩時間（昼休み）は存在しない

生徒が学校にいるあいだは常に管理責任を負うため、休憩時間はほとんどありません。常に生徒の近くにいて、生徒の安全を管理する必要があります。そのため、気の休まる休憩時間は存在しません。昼休みであっても、ほとんどの教員が生徒の近くで過ごします。授業の空き時間もトラブル対応、生徒指導対応、不登校生徒への対応などがあり自由に休憩できません。もちろん企業でも、納期や不具合などさまざまなトラブルがありましたが、学校現場のトラブルは息つく暇がありません。いうなれば毎日がトラブルの連続です。そのため業務を進める時間すらも奪われてしまいます。とくに対応を必要とする生徒がいる学年を担当した経験が何度もありますが、その生徒の対応だけで日中の業務が遂行できないことがたびたびありました。トラブル対応にともなう徒労感は非常に大きなものがあります。教員側の気持ちとしては、トラブルが起きて多大な対応時間を奪われるくらいならば、昼休みや休憩時間はないほうがましだとすら思うこともあります。

④無駄に見えるが効率化できない（してはいけない）時間が多くある

教員を経験して思うことは、無駄に見える時間こそが教育において効果があるということです。中学校の教員になった当初、教員の仕事は無駄な時間ばかりだなと思っていました。休み時間に廊下で生徒を見守る、さまざまな場面で生徒と一緒にいる、掲示物を時間をかけて作るなど、企業で勤務していた私には非効率的に見えました。もちろん多少は意味があるかもしれませんが、そんな「無駄」なことに時間を使ってもしょうがないと、よく思ったものです。時間の費用対効果を考えていない、コスト意識の欠如に見えて仕方ありませんでした。

ただ、教員を9年経験して、いまではまったく違う考えになっています。教育は無駄に見える時間こそが大きな効果を生み出しています。教育は効果や結果が見えづらい仕事です。だから、無理に優先順位をつけてしまうと、授業が一番優先で他が無駄な時間と考えてしまいがちです。しかし、私の経験でいえば、生徒と過ごすという、無駄にも見える時間の積み重ねこそが実は教育的な効果の基礎となると感じています。

たとえば、いま私は、学校の休み時間はかならず廊下にいて、生徒たち全体を見守っています。なぜなら、これがトラブル抑制に効果があると理解できたからです。また、毎朝昇降口で一人ひとりの生徒に大きな声で挨拶をしています。これが生徒一人ひとりとの関係構築や関係の基礎をつくり、全体の雰囲気を温かくする効果があると気づいたからです。このように、生徒と一緒に過ごし見守る時間の積み重ねで、相手との信頼関係が構築されていきます。だから、教育に市場原理を取り入れて競争させろとか、効率化を徹底的に求めるといったことは、実は本末転倒なことではないかと思っています。結果的に教育の良い効果を失わせるものだと考えています。

それに対して、企業のビジネス現場においては、相手との信頼関係をつくるための無駄な時間もとても大切ですが、それ以上に結果を求められますので、無駄に見える時間は圧倒的に少ないと思います。

表C-2　学校の働き方の課題と原因

原因	働き方の課題
人や組織に起因する点（個人、学校、教育委員会など）	・際限のない仕事への調整力（たとえば授業準備などをどこまで力を入れるかなど） ・業務効率化、時間コスト感覚の欠如（この業務や方法は本当に必要か？ 教員がやるべき業務か？ 既存の方法を見直し可能か。例：職員会議、PTA、地域のクレーム対応など） ・休憩時間のなさ（安全管理、生徒指導など）
環境や制度に起因する点（環境、制度、システムなど）	・スケジュールの裁量のなさ（固定された時間割の問題） ・休暇をとりづらいシステム（まわりの人に負荷がかかる、余剰人員不足） ・職場設備や環境整備の遅れ（たとえば印刷機など、20年以上遅れている） ・課外活動（部活動）による時間の圧迫

2　教員の働き方の課題

教員の働き方にどのような課題があるのかという視点でも見てみます（表C－2）。その前提として、教員個人のスキルや働き方に大きな問題はないということです。もちろん、基本的なスキルに問題のある教員もいますが、それは企業にも一定数存在しているので、ここでは重視しません。そのうえで、個人の力に起因する課題はあまり本質的ではないというイメージです。むしろ学校という制度、仕組みに起因する課題が多くあると思います。学校の組織、制度の設計をもう一度考えていく必要があると感じます。

3　改善するためのアイデア

教員の働き方の問題を改善するために、現在さまざまな組織や場で議論がされています。私も学校現場で働く者として、良いと思うアイデアを以下に書きます。学校や仕組みを大きく変えることも必要ですが、まず現場に投入するお金と人員を増やすだけで、だいぶ改善されると思います。ぜひ行政関係者にご配慮をお願いできたらと考えています。

①学校にかかわる人員を増やす

学校の人員を増やすことで全員の負荷を減らすことができ、働き方の多くの問題が減ると考えます。教員の人員増加が難しいのであれば、多くの市町村で導入が進んでいる学校事務サポートスタッフのような人員からで構いません。自治体の教育委員会単位の権限と予算措置で人員増加は可能です。学校に人手が増えれば、教員の見えない手間や業務を減らしていくことができます。人員の加配の話があっても加配を断る学校長がときどきいます。理解ができません。学校は多くの子どもを相手にする仕事です。安全管理の面からも、人手は多いに越したことはありません。もし人手をうまく活用できないのならば、それはマネジメント側に問題があるのではないかと思います。

②学校や教員の役割を再定義する

学校と教員の「役割」を再定義することが必要です。そもそも学校とは、どの範囲までサービスを提供すべきなのでしょうか？　いままでの学校のやり方は本当に必要なのでしょうか？　たとえば職員会議、ＰＴＡ活動、行事、研修、地域からのクレーム対応など、不要なもの、非効率なものはたくさんあります。当たり前だと思っていたことを、本当に必要か見直していくことが大切だと思います。その議論のためには、学校の本質とは何か、学校の役割とは何かを、もう一度きちんと考える必要があります。

③学校や業務をスリム化する。業務を細分化して分業を増やす

現在どの学校でも取り組んでいることだと思います。たとえば先述の通り、事務サポートスタッフを導入する学校が増えています。とても良いことだと思います。それらを加速するためには業務の分業化が必要となります。単純な事務だけでなく、たとえば不登校担当の専任者をつくる、校内見回りサポート担当スタッフを導入するなど、業務を細分化して、可能な範囲で分業制にしていくことが良いと思います。

また、担任などが抱える一人の担当業務を分業化して負荷を減らすことも検討すべきです。学級担任制を廃止して全員がフォローできるシステムにするなども効果があると思います。仕事が個人に紐付かず、メンバーで一緒に業務を担当して分担していくイメージです。

業務の外部委託を増やすことも可能です。たとえば外部テスト、外部採点、部活動などです。ただしこれらも、学校が生徒に対してどのような力を育むのかをきちんと議論することが必要です。たとえば清掃を外部委託したほうがよいという意見もあります。しかし個人的には、生徒が行う清掃活動は必要だと考えています。清掃のような生活に密着した力を育むことは、まさに生きる力であり、日本の学校教育の良い点だと考えているからです。従って、何でもかんでも学校の中の仕事を削減すればいいわけではなく、業務削減自体が目的化しないように注意が必要です。

また、学校業務の削減は、管理職だけの力では非常に難しい面があります。属人的な改革とならないためにも、成功事例の共有化が必要です。文科省のウェブサイトにも多くの事例が掲載されています。また、地域の教育委員会単位での成功事例の共有化が必要だと考えます。

④教員の担当授業コマ数を削減する

教員の固定化されたスケジュールを減らして、一人ひとりの余裕のある時間を確保したいです。たとえば学級定員を40人学級に戻し、教員を増やして一人の授業コマ数を削減するなどが良いと考えます。働き方改革のために組織として必要なのは、教員が授業以外に業務を行える時間の確保です。

⑤職場環境、設備のアップデート

小さなことですが、コピー機などの仕事に必要な設備を最新のものにアップデートすることも有効です。現場の教員は、ＰＴＡ資料の作成として数百部のホッチキス止め作業を分担して行っています。最新のコピー機があればボタンひとつでできます。そのような設備がないばかりにアナログとなっている業務がたくさんあります。

⑥個人としては、まず帰ってみる

教員の多くは真面目で一生懸命な方ばかりです。本当にそう思います。働き方改革の解決方法は、とにかく家に帰ることです。帰れば、たいていのことはやらなくてもよい仕事だったとわかります。完璧を求めず、時間になったら家に帰ってみてください。きっと6割の仕事でも大丈夫だと気づき、働き方は改善できると思います。ぜひとも試してみてください。

第6章

教員の「多忙」に戸惑う大学生、働き方改善を学ぶ

片山悠樹

1　大学生の目から見る「現実」

ここ数年、教員不足のニュースをよく目にします。地域によって状況は異なりますが、人手確保のため求人をハローワークに出す自治体もあるようです（読売新聞2022年2月1日朝刊）。不足の背景として、団塊世代の大量退職、精神疾患などによる休職者の増加が指摘されていますが、若者たちの教員離れも大きな要因です。それは、教員採用選考試験の倍率低下や教員免許状の授与件数の減少にあらわれています。なぜ、若者たちは教員を希望しなくなっているのでしょうか。容易に想像はつきますが、教員の多忙が大きな影響を及ぼしています。

それでは、実際に若者たちは教員の仕事をどのように見て、何が忙しいと考えているのでしょうか。また、そうした考えはどういった情報によって生じているのでしょうか。一方で、前章まで示してきたように業務改善に取り組んでいる自治体も存在しますが、若者たちはそうした現実を知っているのでしょうか。

そこで本章では、教員をめざしている（いた）大学生に、教員の働き方と働き方改革について聞いてみました。具体的には、筆者ら（片山と粕谷）の勤務する愛知教育大学の2年生（7名）と奈良教育大学の3・4年生（5名）で働き方の学習を行いました。2022年9月5日に、前章で取り上げた蹉跎東小学校にて業務改善の取り組みに関する学習会に参加し、その学習会の前後で学生へのインタビューを実施しました（以下、学生の名前は仮名）。

2　多忙という「イメージ」の源泉

2—1　身近な人の状況から

インタビュー対象の学生が所属する二校とも教員養成大学であるため、ほとんどの学生は教員をめざして大学に進学します。教員養成課程の学生に教員の仕事に対するイメージを尋ねると、「そりゃ忙しいやろ、みたいな」と、口を揃えたように多忙さにふれ、そうした認識は当然という雰囲気です。なかには「みんな（忙しいと）言ってるけど、結局は自分が耐えられるかだから」と、多忙の問題は改善云々というよりも、自分が耐えられるかどうかであるという学生も数名いました。多忙という現実は変えることができないと、半ばあきらめたかのような発言にも聞こえます。

教員＝多忙というイメージのきっかけ（情報源）を聞いてみると、大きく二つに分かれます。

愛知教育大学での集団インタビュー（学習会前）

ひとつは、普段接する人々からの情報です。ある学生は「おじさん夫婦がどっちも小学校の先生で、『先生になりたい』みたいなのを何回か、親戚の集まりとかで言ったりすると『先生になるの？　大変だよ』ってよく言われたり」と、親族から多忙さを聞かされていたといいます。また別の学生は、教員である姉の忙しそうな姿を見て、教員になることをやめたといいます。

藤重　お姉ちゃんが小学校の先生なんですけど、奈良の。けっこうやばくて、残業。帰ってくるのがめっちゃ遅いし、土日も。組合みたいな活動で出席せなあかんかったり。ぜんぜん休みなくてヘロヘロになってる姿を見てたんで、やっぱ先生やめようって思ってたんです。学校によりけりだとは思うんですけど。

恩師から教員の多忙さを聞いた学生もいます。たとえば「高校のときに3年間お世話になった担任に、『一回言っておくけどブラックやで』みたいな、自分がその学校（教育大学）を志望する前に一回言われました」「高校のときお世話になった先生が『よくこの時代に教員になろうと思うね』って。『こんだけ教師離れが進んでるのに、よく』っていうのはありますよ」などです。教え子の将来を憂慮した発言と推測されますが、自身の仕事を「ブラック」や「よくこの時代に教員になろうと思うね」と表現してしまう過酷な実態が窺えます。

2—2　SNSからの情報

もうひとつはＳＮＳからの情報です。筆者が授業で教員の働き方を取り上げると、毎年、半数ぐらいの受講生がコメントシートにツイッターからの情報について書いてきます。今回のインタビューでも、ツイッターに関する話題が何度か登場しました。一例を示しておきましょう。

本木　自殺とかのニュースってたびたび聞くし、ツイッターとかも見ると、現役の先生とか辞めた先生も悲鳴を上げていることが多かったりするから。現場を見ていないから、まだはっきりとは言えないけど、自分が生徒として見ていた先生の姿ってけっこうずっと忙しそうにしていたし、ちゃんとやれるかなっていうところもあって、そこの不安のほうが強くなってきた。

——ツイッターって、先生方がつぶやいてるの？

本木　現役の教師の人たちとか、ハッシュタグみたいなので。

須田　「教師のバトン」だっけ？

本木　そう。そういうのを文科省が、教師が教師のこと（仕事の魅力）を発信しますみたいなので作ったんですけど、教員が悲鳴を上げるはけ口みたいな、厳しい現実を見るような状態になっていて。もちろん魅力とかも書いてあるんだけど、それ以上に、無限に残業が続くとか、帰る時間が（遅くて）「外真っ暗で電車止まってるんだけど」みたいなのをたまに見たり、そういう現実って本当なんだなって認識する感じですね。

――「教師のバトン」のツイートを見て、先生がこんな大変なら、めざすのをやめようかなと思うんだね。ツイッターを見てる人？（と尋ね、7人中5人が手を挙げる）。けっこう見てるんだね、5人。

渋谷　なんか回ってくるよね。

本木　新聞とかにも取り上げられていて。

須田　ニュースになってた、教師のバトン。

本木　それがきっかけでちょっと見て、これやばいなって。

須田　私はもう（ツイッターを）見るのやめようみたいな。

――見るのをやめたの？

本木　なんかつらくなって。

須田　相変わらず（教員は忙しいという）プレッシャーかけてくるかもって。

渋谷　でも、本当は教職をめざす人を増やすための企画だったんでしょ？

重原　だめやん。

本木　（教員志望者を）増やすため、魅力を発信するために政府から出されたハッシュタグなのに、結果として遠ざけるような形になりかけているから、よっぽどきついんだろうなっていうのを感じてしまう。

有本　私はサークルの先輩が先生になられたんですけど、その先輩のツイッターで、けっこう残業がすごいのを……。

須田　身近にいるんだ。

有本　身近にもいる。身近だったので余計なんか、ちょっと怖いな、体力的に大丈夫なのかなって。

本木　ＯＢ、ＯＧとか自分のところもたまに来ていたりするし、実際に（教師に）なって１年目でいまやっている先生とか、ツイッターでたまに流れてきていると、楽しいは楽しいらしいんだけど、それ以上にやることが多すぎるっていうので、思ったように動けなくて苦しいっていうのをたまに見ます。

この学生たちは２年生であり、実際の学校現場を見聞きすることが少ないため、ＳＮＳ経由の情報はかなりのインパクトを持ちます。教員は多忙だと何となく知りつつも、ＳＮＳでそのことを確認し、ときに予想以上に過酷であることを知ってしまう。その結果、教員になることを躊躇したり、ＳＮＳからの情報を避けたりするといいます。

教育実習を終えた４年生になると、ＳＮＳへの向き合い方に多少の変化があらわれるようです。同じくツイッターの情報は話題にはなりますが、「そうだろうなって。書いてる内容も、『えー』っていうよりは『やっぱりな』みたいな」「思ってたのと違うとはならなかった」「驚きはない、別に」など、流れる情報で心がかき乱されるようすはなく、ある意味では諦観の雰囲気すらあります。なかには「（文科省は）現場のことぜんぜんわかってないんだろうな」と、「教師のバトン」のもともとの意図を冷静に批判し、教員の言い分に理解を示す学生もいます。

3　忙しさの原因を学生たちはどう見ているのか

3–1　責任の大きさと広さ

普段接する人々からもSNSからも、教員＝多忙という情報が学生たちの耳に届くのですが、学生たちは教員が忙しい原因をどのように理解しているのでしょうか。授業準備や部活動などが多忙の要因であることを指摘した学生もいましたが、「子どものため」に、勉強だけでなく精神的な成長を含めて、できる限りの教育活動を行うため仕事の責任の範囲が広くなり、多忙になっているのかもしれないといいます。

子どもをとりまく環境が変化・多様化し、それに対応するため、教員としての資質や役割がこれまで以上に求められ、また職務も複雑化しています。教員の責任の範囲は拡大し重くなっています。教員の責任について、ある学生は自身の経験をもとに次のように述べています。

渋谷　責任がでかそう。クラス（担任）を受け持つから、自分のことで急に休めない。休めなさそうだし、（自分の）担任の先生も休んでなかったから大変なんだろう。体育祭の準備とかで印象に残ってるのが、私たちのクラスは時間なかったからかかわってないのに、次の日学校に行ったら担任の先生がクラスのモチーフのおみこしみたいなの作ってくれてて。他の先生に聞いたら一晩中かけてやってたって聞いて、すごい熱量と思って。ありがたいけど大変なんだろうな、そういうことをしちゃうような責任を感じてるのかな、俺がやらなきゃとか思ってるのかな、とか。

教員をめざす学生側からすれば、責任の大きさは仕事をやっていけるかの不安感につながります。担任を持つことで、どんなときでも休めないという責任と、学校行事の準備といった本来の職務かどうか曖昧な仕事まで行う責任。自身が生徒であったときは、先生の熱心さに「ありがたい」と感じつつも「すごい熱量」とどこか醒めた目で見ていましたが、いざ自分が教員になることを考えると、責任が持てるのかという戸惑いが湧きあがるといいます。

さらに、責任の範囲の広さは、保護者対応の難しさも引き起こすと学生たちは感じています。

渋谷　保護者対応が大変なのかなっていう。さっきもそうだけど、おみこし作ってた先生みたいにがんばってる、がんばりすぎているせいで、そこのクラスと、いい感じに手を抜いてる先生が比較されて「隣のクラスはああなのに、なんでこっちのクラスはこうなんですか？」とか「なんで授業後の補習してくれないんですか？」みたいな、そういうクレームがあるとやっぱり大変なのかなっていう。それで責任感を感じちゃって、隣のクラスはやってるのに自分がやってないのはおかしいとかみたいな感じで、どんどん仕事が増えていっちゃうのかなって。

学校行事など、さまざまな教育活動にがんば（りすぎ）る先生は、保護者の眼には「いい／熱心な」先生に映り、他の先生にも同じような対応が求められることで仕事が増える。しかも、求められる仕事が本来の職務であるかどうかも曖昧であり、そのことに学生たちは違和感を抱いています。3章の分析で示された学級通信の例はその典型例です。教員の職務の曖昧さが多忙の要因となっていることを学生たちは見抜いています。

3－2　責任＝魅力？

しかしながら、教員の責任に対して、学生たちはどこか煮え切らない態度をとります。ある学生は「自分がめっちゃ先生に影響を受けたからこそ、教師の与える影響ってとてつもないなって。一人の人生が変わるレベルでっていうのが、1対30（生徒30人に対して一人）っていうのを思ったときに、そこまでの責任を自分に負えるのかなっていうのを思って。勉強教えたりするのは好きで、高校でも楽しかったんですけど、人生を背負うのは重いなって」と、教員として働くことに不安感を覚えていますが、その一方で「そこに魅力がある」とも言います。子どもたちの人生に影響を及ぼす教員の仕事は、責任の範囲の広さや重さがある一方で、魅力でもあるといいます。

佐田　人格形成に影響を与えるから責任はあるって思ってはいるけど、むしろそこが学校の大きい特徴かな。勉強を教えるだけだったら別に塾でもいいしってなったときに、塾との差って何やろって考えたら人間形成みたいな部分になってくると思うから、そういうの踏まえたうえで自分は学校の先生って決めてるから、そこに対してとくに思ったことはないかもしれない。むしろそこに魅力を感じてる。

責任と魅力は表裏一体であり、それが煮え切らない態度の背景にあります。

4　教員の魅力＝やりがいとは？

責任と魅力が表裏一体ということであれば、若者たちに教員の魅力をアピールして教員不足を改善するという考え方も出てくるでしょう。学生たちが指摘していた「教師のバトン」は、まさにそうした考えに基づくものでした（結果的には正反対の方向に働いたのですが）。多忙の要因である責任は魅力と表裏一体であるため、学生たちが考える教員の魅力を整理しておきましょう。

教員の魅力ややりがいを学生に尋ねると、その答えはある程度共通しています。

土屋　すごいベタなんだけど、やっぱり成長していくようすが間近で見られる。それこそ学校にいる時間って家にいる時間よりも平日は長くなるから、その分その子の成長を親よりも見ることができるのは魅力なのかなって思う。

佐田　小学校のころから勉強を友達に教えることがすごく多くて。教えるっていうのがけっこう楽しいなと思ってたりしたし、高校生になって先生に出会って、考え方とか自分にもすごく影響したから、先生って大事な仕事だなと思ったりしてたし、いろんな問題を考えるにあたって教育って、たぶん絶対外せないって思ってたから。

本木　教師は同じこととか一個もないから、そういうのが楽しめるかなって思って。

子どもの成長、教える楽しさ、一期一会などが、学生たちが考える教員の魅力ややりがいです。学生たちの考えを知ってか、教員の魅力をアピールすることで教員志願者を増やそうとする取り組みがさまざまな自治体で行われています。ここではその成否は問いませんが、しかし、そうした取り組みに対する学生からの評価は厳しいものです。魅力の発信に関して次のようなやりとりがありました。

渋谷　たしかに、魅力ばかり押し売りされても逆にブラックそう。

——どういうこと?

本木　ブラック企業の常套手段みたいなやつ。

渋谷　表面的に「めちゃくちゃいい仕事ですよ」とか言っておいて、入ったらめちゃくちゃ（厳しい）。

本木　ブラック企業の常套句に「やりがいのある仕事です」って書いてあるとかいうのを見て、これ教師じゃね？　って一瞬思ったり。

渋谷　やりがいでまとめればいいと思って。

学生の目から見れば、魅力ばかりのアピールは「押し売り」に映り、過酷な働き方を誤魔化しているのではないかと勘ぐってしまうといいます。筆者が所属している大学（愛知教育大学）でも教員の魅力を発信するプロジェクトが行われていますが、それに対しても「（教員に）なりたい人はもう魅力は知ってるから、言われなくてもって感じはちょっとある」と厳しい評価です。

「魅力よりも知りたいことは？」という筆者の問いかけに対する答えは、働き方を変える取り組みであるといいます。

有本　（働き方など）いまマイナスの面がやっぱり目立っちゃっているから、それを解決するためになにか県とかで取り組んでいることはないのか、それを教えてもらったほうが（いい）。こういう取り組みもなされているんだったら将来は大丈夫かな、みたいな。そういう取り組みがあるかどうかもわからないですけど。

学生の求めるものは、魅力という「言葉」や「イメージ」よりも、働き方改革の取り組み＝「現実」のようです。

5　魅力と搾取のあいだ

教員の魅力のアピールに対して冷淡にも見える学生たちの意見に、違和感を抱く読者もいるかもしれません。そこで、教員の魅力のとらえにくさ、危うさについて簡単にふれておきましょう。教員の多忙の背景には「子どものため」という教員の熱意に頼っている現状があると学生たちは見ています。ある学生は次のように述べてます。

清水　教師の子どもたちへの思い、教師がそういうのがうれしいみたいなのに頼ってしまっている感、教師はそれでがんばらされてる感。（中略）実習に行った小学校の先生も「最終的な踏ん張りどころは気持ち」って言ってました。どんだけ忙しくて会議でわーってなっても、子どものためって思って乗り越えると。

インタビュー時、この発言をきっかけに教員の「やりがい搾取」へと議論は進んでいきますが、「やりがい搾取」という言葉を簡単に確認しましょう。「やりがい搾取」という言葉が世の中に広まった契機は教育社会学者の本田由紀の論文（２００７年）で、その中では労務管理をする側（企業）が、適正な賃金や労働時間などを保障することなく、「自己実現」などの言説を動員し、労働者を過酷な労働へと駆り立てるメカニズムが「〈やりがい〉の搾取」と定義されています。現在では元の定義から拡大して「やりがい搾取」という言葉が使用されていますが、教員の仕事を「やりがい搾取」と認識している学生たちは、何が「搾取」されていると考えているのでしょうか。「やりがい（魅力）」と「やりがい搾取」の境目はどこにあるのでしょうか。そのことを考えるにあたり、次の学生（4年生）の言葉は役に立ちます。

佐田　私生活に影響が出はじめたらだめだよね。一個のラインかなって思う。私生活に影響が出る。結局、仕事ってやりがいがあるからやるけど、大前提として生きていくためにやるわけじゃないですか。だから私的には、仕事っていうものが私生活を差し置いてまでやりたいものじゃない。プライベートを一番大事にしたいっていうのがあるから、そこの範疇を超えてしまったら搾取になるなって。

仕事を考えるうえで「やりがい」は必要ですが、それによってプライベートが犠牲にされるようなことになれば、その仕事は「やりがい搾取」となるといいます。この発言は労働を考えるうえで真っ当な意見です。

教員の仕事が魅力的であることをアピールすることは必要でしょう。やりがいは仕事のモチベーションにつながります。しかし、そこには重要な前提があります。それは適切な労働環境が保障されていることです。「教師って生活に侵食してくる」と学生たちが言うように、適切な労働環境が保障されない状況下で魅力をアピールしても、「やりがい搾取」とみなされてしまいます。魅力だけをアピールすることに対して学生たちが冷淡であり、「やりがい搾取」を想起するのも理解できます。魅力とともに、働き方改革の「現実」もセットで伝えなければ、真の魅力のアピールとはならないでしょう。

6　働き方に無関心な大学／働き方改善に取り組む学校現場

6―1　働き方を学ぶ機会のなさ

学生たちは働き方改革の「現実」を知ることを求めている一方、大学はそうしたことを伝えられているのでしょうか。教員としての使命感、情熱、倫理観、規範意識は、教員養成で学ぶ項目です。教職をめざす学生たちは、これらのことを授業で何度も聞いています。その一方で、労働の実態や労働に関する権利については教えられているのでしょうか。

試しに、教員の働き方や労働の権利に関する話を授業や大学生活で聞いたことがあるかと尋ねたところ、筆者の所属する大学では、筆者の担当授業（教育に関する社会的、制度的または経営的事項に該当する科目）以外ではほとんどないといいます。その一方で、「こういうのが（教師の）やりがいみたいなのを言う先生はけっこういる」と、魅力ややりがいを聞いた経験は多いようです。さらに、授業などで聞く魅力ややりがいは多種多様であり、ときに戸惑うといいます。

清水　教師やってられんってなるのは、各授業の（講師の）自分の立場、その種目別で「教師はこうあるべきです」って言われると、もう身動きとれなくない？　それは大学来てめっちゃ思った。もういいってなるよね。

大野　なる。

――近いものは感じる？

大野　近い。一緒です。

清水　がんじがらめ。

大野　わからへんくなってくる。

こうした反応は、大学で教えられる魅力ややりがいが多様であるだけでなく、ときに矛盾した要素を含んでいるからではないでしょうか。いずれにしても、学生たちは大学教育を通じて教員の魅力ややりがいを教えられる一方で、労働の実態や働き方改革の現実を学ぶチャンスはほとんどありません。

こうした経緯もあり、今回、枚方市の業務改善の取り組みを学ぶ学習会を企画し、インタビュー対象の学生たちはそこに参加しました。学習会は蹉跎東小学校で行われ、内容は枚方市教育委員会の高山さんと蹉跎東小学校の桐山校長の講話、そして質疑応答です。学習会当日の内容は、4章と5章の内容と重複する部分もあるため、ここでは割愛します。

高山さんの講話を聞く学生たち

6−2　働き方の改善を学ぶことで生じた変化

以下では、参加した学生たちの感想を紹介しながら、学生たちの認識の変化を見ていきましょう。

学生たちの全体的な変化としては、教員として働くことに対して前向きになったことが挙げられます。もちろん、一度の学校訪問で考え方や価値観が変わるわけではありませんが、働くことに対する不安感は多少なりとも軽減したようです。とくに2年生ではその傾向が強くあらわれていました。たとえば「普通に悩んでました。教員になるかどうかでも」という学生は、学校のサポート体制を知り、「けっこう行きたいなって思います」と言い、別の学生は「私も（学習会に）行く前よりは働きたいなと思いました」と言っています。

では、業務改善の取り組みについて、学生たちはどういった印象を受けたのでしょうか。紙幅の都合上、ここでは二つに絞って紹介します。ひとつが「現実は変えられる」ということ、もうひとつが「管理職の姿勢」です。

ひとつめの「現実は変えられる」ですが、学習会当日、高山さんは意識改革の重要性を強調していました。研修会に講師として呼ばれることの多い自身の経験から、他の自治体では「業務改善＝時短／効率化」というイメージを持つ教員が多い一方、枚方市では同僚性や職場環境の改善を重視する教員が多いことを示していました。4章で記したように、働き方の「質」の改善こそが重要であり、働く時間＝「量」の削減は質の改善の結果です。

そうした説明の後、枚方市の労働時間の減少を次のように述べています。

高山　（スライドの表を指しながら）これは枚方市の小学校の時間外勤務時間の実態です。赤枠で囲ってあるのは、よくいわれる過労死ラインです。80時間を超えて残業している人は、平成30年には9・4%いたんですけれど、令和3年の4月は4・8%で半減しています。そしてこれが今年度なんですけれど、2・5%になってさらに半減しているんです。この要因は何なんだろうかと考えたときに、令和元年、令和2年、令和3年とやってきた取り組みの成果がいま現れてきていると考えてます。中学校は部活動があるので、この数字（80時間超の残業）が大きいかもしれませんけれど、平成30年のひどい状況から令和3年4月には大幅に減少してきています。今年度また上がってるのは（コロナ禍で）部活が制限かかっていたか、かかっていないかというところなんですね。だから部活に制限がかかっていない（年）どうしで比べたときも、40%から25%くらいまで減っている。やはりこの間の取り組みが影響していると。部活動改革も、うちの市でも検討をしだしてるところなので、もうちょっとここにアプローチできるかなと思ってます。

高山さんは、部活動の地域移行や給特法の改正など行政主導の改革とともに、現場主導の改革の重要性を強調し、「学校現場での意識改革や業務改善が（行政主導の改革と）両輪で進むことが必須だと実感していますʼ」と学生たちに説明していました。また、枚方市の実践は「（業務改善推進校）10校で一緒にがんばっていきましょう」と、学校と教育委員会が連携した改善であることも合わせて述べていました。

学習会の前まで、学生たちは学校の多忙という現実は自分たちでは変えられないものと認識していましたが、高山さんの説明を受け、「自分が動いたら未来が変わる」という認識を持つようになったようです。とくに働き方の質の改善による時間外労働の減少はインパクトが大きかったようで、ある学生は次のように言っています。

有本　時間外労働の話があったと思うんですけど、ここまで減らせるのかって思って。小学校はとくに。取り組めばっていうか、いまの学校にはそういう（減らせる）時間がけっこうあるのかなって思いました。

二つめは「管理職の姿勢」です。桐山校長からは蹉跎東小学校の取り組みの説明がありました。具体的にはＩＣＴの整備による資料のペーパーレス化や会議の削減、電話受付時間の変更、業務改善アシスタントや司書の加配などの人材活用です。これらの改善は管理職が携わる業務ですが、学生たちがもっとも強い印象を受けたのが、桐山校長の管理職としての姿勢です。３節で示したように、学生たちは多忙の要因として教員の責任（職務の曖昧さ）を指摘し、具体的な場面のひとつとして保護者対応を挙げて、その対応に大きな不安を感じていました。

こうした不安感を抱えているため、学習会当日の質疑応答で、保護者対応に関する質問が学生から出

桐山校長による講話

されました。そのときの桐山校長の回答の一部です。

桐山　やっぱり管理職は最終的に謝り役なんです。だから最初は出ない。最初の対応は担任だけですが、あかん場合は学年主任、その次は生徒指導主任などが入って、そして教頭が出てもあかん場合は校長、みたいな。（中略）最後は守り役（＝校長）がいる。そのために（校長は）給料多くもらってる。だから（教員は）何重にも守られているんです。自分一人で抱え込みさえしなければ。だから、一人ほっとかれて、みんなからなんの手助けもないなんてことは普通ありえない。学校として教師として。まずは学年の先輩の先生に一緒に対応してもらったり、自分で一回失敗しちゃったときは、どうしたらええかを相談すればいい。

桐山校長の管理職としての姿勢は、学生たちにとって印象深かったようです。教育実習を経験した４年生であっても、管理職の役割については理解できていない部分があります。そのため、桐山校長の話に対して次のような感想が聞かれました。

藤重　管理職は謝り役でいいねんから、頼ってくれたらええやんみたいな話があったんですけど。そういう管理職の人たちで上を固めてくれてたら、働き方改革もうまく行くかなって思いました。先生が楽しく働けるように僕ら（管理職）がいるんやから、みたいな感じで言ってはったんで。チームで仕事をする意識がめっちゃ大きいなって思ってて、やっぱり働くうえで一番大事かなと思うので。ああいう先生が上（管理職）にいる学校なら、先生っていい仕事やなと思いました。

――（話を聞く前）管理職とか校長先生のイメージって、どういうものを持ってたんだろう。

藤重　私はあんまり詳しく調べたこととかないけど、いままで生徒として学校に行ってたときとか、（教員である）お姉ちゃんの生活とかを見てたら、保護者対応は担任がやって、困るのは担任なんかなって思ってて。いざとなったときに（管理職を）頼ってる感じではなかったなと思います。いままで会った先生とか。

――大変な部分である保護者対応を、何か（手助け）してくれるという感じはしなかった。

藤重　そうですね。（桐山校長は）新しい感じの校長先生やなって思いました。

桐山校長の回答から、学校という組織として働く以上、管理職の役割は重要であり、さらに業務改善がうまくいくかどうかも管理職によるところが大きいと学生たちは感じたようです。

同様の意見は2年生からも聞かれました。学習会の後、校長は二つのタイプ（＝話や悩みを聞き守ってくれるタイプ／自身のやり方を押しつけ指示を出すばかりの「俺についてこい」タイプ）に分かれるという話から、後者のタイプの校長の学校では働きにくく、過酷な労働状況にも理解を示してくれない可能性があると学生たちは見ていました。

須田　「俺についてこい」タイプだと意見とか言いづらそう。「なんでも聞きますよ」みたいなスタンスのほうが、意見を言いやすいじゃないですか。

――「俺についてこい」っていうのは皆さんは苦手？　こうしなさい、ああしなさいって言われる感じなのかな？

須田　苦手っていうか思考が停止しそう。それについて考えなくなりそう、その人以外。

――どう？　渋谷さんも有本さんもそう？

渋谷　堅そうじゃないですか。そういう上の人（管理職）だと、職員室全体が凍っちゃいそうっていうか。

――凍っちゃいそう？

有本　時間外労働の問題とかあったんですけど、そういうのも見つけられなさそう。そうなっているのが普通だから、みたいな感じに受け入れちゃって、まったく気づけないみたいな状況になりそうだなって思いました。

一方で、桐山校長のような話や悩みを聞き守ってくれるタイプの校長だと、働くうえで安心感があると感じています。

有本　どんなことを言われても一回は受けとめるみたいな話があったので、そこでけっこう（安心できた）。

――それは皆さんにとって、働くことを考えたら安心？

渋谷　安心だと思う。後ろに何かがあって、自分が一人だけじゃなくて、そのうえで対応できるのは安心要素です。

7　複数の「現実」／大学で教えること

この章では、教員の働き方や働き方改革に対する学生たちの見方を記述してきました。もちろん、現場経験のない学生の見方であるため、読者（とくに現役教員）が経験している現実とは異なるかもしれません。しかし、私たちが経験している「現実」はいくつもあります。それは教員の働き方にも当てはまります。学生たちが目にするツイッターのハッシュタグ「教師のバトン」で流れてくる教員の過酷な労働実態や、それが一向に改善しないことへのいらだち。これも「現実」であり、「そういう現実って本当なんだなって認識する」と学生が言っていたように、現場経験のない学生はSNSの情報をもとに教員の働き方を知り、一部の学生は教員への道をあきらめてしまいます。

もちろん、ツイッターで流れてくる教員の声が問題なのではありません。そうした声に私たちは真摯に耳を傾け、改善に向けた取り組みを行わなければなりません。その一方で、変わりつつある「現実」

もあります。業務改善に取り組み、働き方を少しずつでも変えている「現実」です。ただ、そうした「現実」はまだ少なく、いくつもの「現実」に埋もれて見えにくい。またSNSなどで流れにくく、ニュースバリューが高くないため（改善しない過酷な労働実態と比較して）マスコミで取り上げられる機会も少なく、学生たちには届きにくい。それでも、働き方の改善に取り組む人々はいて、少しずつ変化している学校現場は存在します。まだ目立たないものでも、こうした「現実」を知るだけでも学生の不安は軽減するかもしれません。

こうした変わりつつある「現実」を若者たちに伝えるにあたり、大学は役割を果たしているでしょうか。インタビューの中で、大学生活で教員の魅力については何度も聞くが、実際の働き方についてはほとんど学んでいないという学生たちの声がありました。大学が教職の魅力のみを伝えれば伝えるほど、学生たちは「やりがい搾取」的な臭いを感じ取ってしまいます。魅力をアピールするのであれば、変わりつつある「現実」と、働くうえでの必要な権利もきちんと教えるべきでしょう。教員志望者の減少が話題になっている昨今、大学は学生のニーズを踏まえた教育を取り入れる必要があるのではないでしょうか。

さらにいうと、大学は教員志望の学生に多くのことを求めすぎているのかもしれません。もちろん、さまざまな背景を抱える子どもたちや教育の課題に対応するためにも、大学では多くの知識や能力を身につけなければなりません。知識や能力の伝達は重要です。ただ、それと並行して、教員としての「あるべき」理想や規範を過剰に強調し、くりかえし伝えることで、教員になる前から不安感を煽ってしまう結果になっていないでしょうか。インタビューを受けた学生たちは、大学は「超人」（＝何でもできる理想の先生）を作ろうとしているのではないか、と不満の声を上げていました。
そうした声に対して、今回の学習会で高山さんと桐山校長から、新任の教員が何もかもできないのは仕方ないことであり、学校現場に入ってからも学ぶことを意識してほしい、というメッセージが伝えられました。以下はそれに対する学生の感想です。

田村　（初任という状況では）自分は一番できひんけど、ここから（初任から）何を身につけていこうって前向きに考えることが一番大事だから、現職の先生は基本そう思ってるから。これから新卒でがんばっていこうっていう君たちは、当たり前にできなきゃいけない、これもできなきゃいけないとかいっぱい言われてるけど、ぜんぜんそんなことできてなくていいんだよ、って言われたのがすごく救われたので。

教員の多忙を改善する取り組みとともに、魅力や理想を強調することで、かえって教員志望者の不安を煽っている教員養成教育のあり方も、考え直す必要があるのかもしれません。

参考文献

本田由紀（2007）「〈やりがい〉の搾取――拡大する新たな『働きすぎ』」『世界』762号、pp.109－119

終章

学校現場と教員を信じて、託す

寺町晋哉

本書を通してあらためてわかったことは、「やはり教員は忙しい」ということです。ですが、そんな忙しい日々のなかでも、4・5章で紹介した枚方市のように、現場の努力によって業務改善が着実に進んでいる学校があることも事実です。枚方市の事例から得られたヒントは、「業務改善（労働時間削減）は目的ではなく手段」ということです。枚方市では「働きやすい職場環境をつくる」という目的を達成するために業務改善を行い、結果として労働時間が短くなっていました。あらためて、枚方市の事例をヒントに、働き方を「現場」から変える方法について示します。

1　自分と同僚の「子どものため」を尊重する

本書で見てきたように、教員は「子どものため」であれば、良くも悪くも一生懸命に働き労働時間が増えてしまいがちです。ただ、そのことがかならずしも教員を追い詰めるわけではありません。むしろ

「楽しんで」働くこともあり得ます（3章の小川先生、5章の幸田先生や臼井先生）。教員自身が考える「子どものため」、つまり自律性を保障されながら働くことは、教員自身の「自分のため」にもなるということです。この点で教職は非常に魅力的な仕事といえるでしょう。

一方で、教員たちが考える「子どものため」は常に一致するわけではないために、働き方を加速させる難しさがあります。1章で指摘したように、「子どもと向きあっている（子どものため）」という感覚は「○○をすれば得られる」というものではなく、学校や教員個々人によってとらえ方が異なります。極端にいえば、「子どものため」の達成方法には誰一人として同じものはありません。当然、同僚の考える「子どものため」が自分には教育的意義を感じられない、ということも存在します。ところが、「同僚は同僚、自分は自分」と割り切れず、教育的意義を感じられなくとも「やらざるを得ない」プレッシャーから業務が増加しかねません（3章の学級通信や6章の学校行事の例）。そうすると「やらされている」仕事が増加し、「自分のため」が損なわれることにつながり、負担感が増していくことになります。

抜本的な教育政策の見直しが行われない限り、明日から教員の業務量が劇的に削減されることはないでしょう。だからこそ、まずは自分の身のまわりから、働き方や働き方に対する意識を変えていく必要があります。

まず、自分が考える「子どものため」を尊重するために、「同僚の取り組みに左右されない」ことが重要です。学級の「責任」が担任に紐付いてしまうからこそ、他の学級の取り組みも導入してしまいがちですが、勇気を持って無視しましょう。まずは自分の考える「子どものため」を実現するために時間や労力を割くべきです。仮に同僚の取り組みを導入する場合、自分が考える「子どものため」の実践が改善されるのであれば採用してもよいと思います。その際、これまでの取り組みで優先順位がもっとも低いものは削減してください。「なぜ他の学級では取り組んでいるのに、先生はやらないのですか」と保護者から問い合わせがあれば、自分の考える「子どものため」を実現するために全力を注いでいることを丁寧に説明すれば理解を得られるはずです。

それと同時に、同僚の考え方も尊重することです。先述したように、何が「子どものため」であるかも、その実現方法も十人十色です。なかには自分と正反対に思えるような考えや方法もあるでしょう。ですが、多様な「子どものため」が尊重され、存在することは、さまざまな教員の「自分のため」にもつながり、「働きやすい職場」が形成されていくと考えられます。

もちろん、こうしたことが簡単には実現できないほど現実の仕事量は多いはずです。教員個人の力ではどうすることもできない（断れない）仕事もあるでしょう。しかし、「だから学校長や教育行政が改革案を出すべきだ」と他人任せにしてしまうと、自分が考える「子どものため」の仕事までが削減されかねません。

たとえば、文部科学省が「働き方改革」の一環として提示した「学校の業務だが、必ずしも教員が担う必要のない業務」に「休み時間の対応」や「部活動」が一例として挙げられています。あくまでも一例であり、一律に従う必要はないものですが、文科省が提示していることは、ひとつの強力な指針になります。教育委員会や学校長が、「文科省が提示しているように、休み時間や部活動に充てている時間を削減してください」と指示することも起こらないとは限りません。「子どものため」に休み時間をできる限り一緒に過ごそうとする教員や、部活動を通じて子どもたちとの関係を形成している教員にとって、そうした指示は教員の自律性を保障せず、教職の「やりがい」を削るものととらえられます（1章の最後の新聞記事で語られていたように）。そうなると結局、教員に残された業務は「やらされている」ものばかりになり、むしろ負担感が増すことになります。

2　管理職による職場づくり

とはいえ、教員個人の力だけでは限界があります。そのため、教職員が考える「働きやすい職場」を管理職が把握したうえで、学校全体で「働きやすい職場」を形成していくことが重要です。学校全体として「子どものため」の緩やかな方針を示し、教職員の共通認識を形成していくことも重要です。

おそらく大半の管理職は、教員の長時間労働を改善したいと考えているはずです。労務管理を学ぶ機会もなく管理職になった人が多いにもかかわらず、管理職の労務管理意識が非常に重視される時代です。それゆえに「どうしたらいいんだ」と戸惑う気持ちも理解できます。しかし、労務管理を強く意識するあまり、トップダウンで「早く帰りなさい」「○○の仕事を減らしなさい」と指示するだけでは、教員それぞれの「やりがい」を削る可能性が高く、うまくいきません。だからこそ、桐山校長が職員室の雰囲気づくりを丁寧に行ったように、コミュニケーションをとりながら、学校全体で「働きやすい職場」をつくっていけるようにリーダーシップを発揮する必要があります。

また、教職員のチームワークを高めるマネジメントが重要です。各教員の多様な「子どものため」を尊重するだけでは、学校全体が共通認識を持てず、チームワークが損なわれるおそれがあります。それでは、互いの「子どものため」を尊重することも難しい職場になってしまいます。各教員の考える「子どものため」を把握し、学校全体で共有すべき方針を、管理職が示す必要があります。5章で登場した若田校長は、日常的に「家庭を大切にできるよう、みんなで仕事をカバーすること」を伝えていました。これは「子どものため」が暴走しないよう注意を向けるとともに、「子どものため」に必要なことが欠けないように、チームワークを発揮できるようにするためのマネジメントです。また、チームワークを発揮するうえで、「相談しやすい」職場の空気を管理職が形成していくことも重要です。

さらに、教員が働き方を自分ごととして話しあえるために、自分たちの手で「変えられる」と思える機会を管理職が提供していきましょう。4章の高山さんや5章の依田先生のように、自分の意見によって業務が見直された経験は、「自分ごととして話しあえる」という意識を持つうえで非常に重要です。業務改善に向けて何かを提案しても一顧だにされなければ、「どうせ変わらない」とあきらめてしまい、自分ごととして考えなくなってしまいます。学校の業務は「スクラップ」が難しいといわれていましたが、そもそも業務が多すぎることは間違いありません。「個人の問題」から業務改善を提案するよう管理職から促し、管理職から「まずはやってみよう／考えてみよう」と始めることで、学校全体が「自分ごととして話しあえる」ようになるでしょう。

3　学校現場と教員が「主役」

本書でくりかえし述べていますが、教員数や授業時数、給特法など、教員の働き方を制度・政策的に改善していくことは必要不可欠です。部活動のあり方や教員の働き方が注目を浴び、政策的にも改善がめざされているからこそ、それが大義名分となり、5章のように部活動の時間を減らしたり、電話の受付時間を短くしたりすることが容易になります。枚方市教育委員会が業務改善へ向けた「場」づくりをしていたように、行政の立場からのほうが進めやすい取り組みもあるでしょう。

一方で、政策や行政による改善は、時間がかかるだけでなく、汎用性が求められるため抽象的な提案にならざるを得ません。時には、ローカルな現場の文脈と衝突するような提案もありうるでしょう。

「政策として降りてきたので」といえば簡単に受け入れられるわけでもありません。たとえば、働き方改革の一環として「17時以降の電話対応は行いません」「地域のお祭りは学校の仕事ではないので協力しません」「部活動は教員の本務ではないので廃止します（全面的に地域移行します）」などと一方的に伝えたところで、保護者や地域の人々が学校に協力的になるとはとうてい思えません。教員たち自身も、そうした業務の削減の仕方に躊躇したり反対したりするかもしれません。

学校の業務のあり方、部活動のあり方、保護者や地域と学校の関係は、各学校のローカルな文脈に埋め込まれており、ひとつとして同じ形はないでしょう。蹉跎東小や長尾西中では、子ども、保護者、地域住民と対話を重ね、理解を得ていきながら地道に業務を減らしていきました。行政による「大義名分」や「場」は、そのきっかけにすぎません。

本書で紹介した枚方市の事例も、ひとつのヒントです。業務改善には正解がないからこそ、学校現場が「主役」となって、働き方や働き方に対する意識を、試行錯誤しながら改善していくことが必要です。そのために、「働き方改革」を推進する教育行政や学校教育に関係する研究者たちは、学校や教員を信頼し、「子どものため」の実現を現場に託すことが重要です。

おわりに

いま手元に、高瀬隼子さんの小説『おいしいごはんが食べられますように』（講談社）があります。企業の職場を舞台に、「正しい」働き方に対する考え方の違いと、その違いに対する配慮のすれ違い、そこから生じる軋轢が巧みに表現されています。読後は得もいえぬ感情がわきますが、どこか納得してしまう秀抜な作品です。

なぜこの話をしたかというと、この物語が、教師の働き方の問題とどことなく似て見えるからです。本書でもふれた通り、教師は「子どものために」情熱を注ぐ反面、「自分のために」という視点を忘れがちです。熱意をもって働くことは「正しい」とはいえ、どのくらい（時間）／どこまで（範囲）情熱を注ぐことが「正しい」のでしょうか？　おそらく、その線引きは教師ごとに違うはずです。むしろ、違っていい。そうした違いに対する配慮がプラスに作用すれば、お互いの専門性ややりがいが尊重される、働きやすい職場になりそうです。しかし、うまく作用しなくなると、「〇〇はすべき」「△△をしないのはおかしい」などと、働き方に対する考え方が対立し、働きにくい職場になってしまいます。「はじめに」でも述べましたが、教師の働き方の問題の根幹には、働き方に対する考えの対立があるようです。

ただ、ゆがみや対立の原因は教師や学校だけにあるわけではありません。むしろ、それをもたらしているのは、教師や学校にさまざまな要求をしつづけ、教師の働き方に配慮してこなかった私たちの社会です。それによってもたらされた働き方のゆがみが、いま臨界点を超え、学校現場から悲痛な声が上がっているのです。

このようなゆがみや対立を、どのように解きほぐせばよいのか。それが本書の出発点でした。その出発点に私が立つきっかけを与えてくれたのが、勤務校の学生たちです。不安を抱きながら教師になった卒業生、不安に押しつぶされ、泣きながら教師の道をあきらめたかつてのゼミ生、授業で不安げな表情を浮かべながら教師の労働の実態を聞く受講生。そうした場面に出会うたび、何も言えず、何もできない自分に気づかされました。

これまで私は若者のキャリアや職業教育をテーマに研究しており、学校現場にはあまり詳しくありませんでした。そのため、教師研究を専門とする寺町晋哉さんと教員養成大学に勤務する粕谷圭佑さんに声をかけ、現役教師として金指祐樹さん、井筒優菜さん、岸上直樹さんに参加いただき、本書の計画を進めました。その結果としてまとめたのが本書です。

本書の執筆にあたり、さまざまな方にご協力いただきました。枚方市教育委員会の高山和子さんと伊藤閣啓さん。働き方改善の実践を教えていただいた蹉跎東小学校の桐山智巳校長と長尾西中学校の若田淳子校長。お名前を直接記すことができませんが、お忙しいなかインタビューにご協力いただいた教職員の方々。私たちの調査が、かえって皆さんの多忙の要因になってしまうのではと不安でしたが、快くご協力いただき本当にありがとうございました。皆さんの声を十分伝えきれていないかもしれませんが、それは次回の宿題とさせてください。枚方市の取り組みを紹介してくれたNPO法人「共育の杜」理事長の藤川伸治さん。藤川さんの紹介のおかげで枚方市の取り組みを知ることができました。また、インタビューに参加してくれた愛知教育大学と奈良教育大学の学生たち。皆さんの本音を聞き、学ぶところが多くありました。

なお、本書の出版にあたり、費用の一部を愛知教育大学の学長裁量経費（教職実践力向上重点研究費）より助成を受けました。

出版にあたっては、大月書店の岩下結さんに多大なるご理解とご協力をいただきました。『半径5メートルからの教育社会学』（シリーズ大学生の学びをつくる）でもお世話になりましたが、今回の企画にも興味をもっていただき出版することができました。

最後に、本書を手にとり読んでくださった皆さん。私たちの分析と提言に対し、それぞれの立場から、さまざまなご意見があると思います。賛否をとわず、ぜひ感想をお聞かせください。皆さんのご意見を真摯に受けとめ、引き続き教師の働き方について考えていきたいと思います。

学校現場で働く皆さんの働き方が少しでも早く改善されることを、そして教員志望の学生たちが不安を抱くことなく教職への道を歩めるようになることを祈って。

2022年12月

執筆者を代表して　片山悠樹

執筆者一覧

編者

片山悠樹（かたやま　ゆうき）　序章・第2章・第4章・第5章

愛知教育大学 教育学部 准教授（教育社会学）。著書に『「ものづくり」と職業教育』（岩波書店），『半径5メートルの教育社会学』（共編著，大月書店），『多様化する社会と多元化する知』（共編著，ナカニシヤ出版）ほか。

寺町晋哉（てらまち　しんや）　第3章・終章

宮崎公立大学 人文学部 准教授（教師教育学，教育社会学）。著書に『〈教師の人生〉と向き合うジェンダー教育実践』（晃洋書房），『現場で使える教育社会学』（分担執筆，ミネルヴァ書房），『教育論の新常識』（分担執筆，中公新書ラクレ）ほか。

粕谷圭佑（かすや　けいすけ）　第1章・第5章

奈良教育大学 教育学部 准教授（教育社会学）。主な論文に「『社会化』過程の再特定化：幼稚園年少級におけるルーティン活動の相互行為分析」（『教育社会学研究』第105集），「児童的振る舞いの観察可能性：『お説教』の協働産出をめぐる相互行為分析」（『教育社会学研究』第102集）。

執筆者

井筒優菜（いづつ　ゆうな）　第1章

小学校教員。立教大学文学部教育学科卒業，同大学院文学研究科教育学専攻前期課程修了。現在は東京都の公立小学校に勤務。現職教員の立場を生かし，粕谷，岸上とともに「教師の働き方」についての共同研究に携わる。

岸上直樹（きしがみ　なおき）　コラム1

小学校教員。立教大学文学部教育学科卒業，同大学院文学研究科教育学専攻前期課程修了。現在は東京都の私立小学校に勤務。粕谷，井筒とともに「教師の働き方」についての共同研究に携わる。

金指祐樹（かねざし　ゆうき）　コラム2

中学校教員。早稲田大学教育学部卒業後，三菱電機株式会社，三井住友海上火災保険株式会社で12年間営業職に従事ののち静岡県で公立中学校教員に。民間企業出身の教員として，子どもにとって「社会に出て本当に必要な力とは何か」を大切に教育活動を行っている。

編者
片山悠樹（かたやま　ゆうき）愛知教育大学 教育学部 准教授
寺町晋哉（てらまち　しんや）宮崎公立大学 人文学部 准教授
粕谷圭佑（かすや　けいすけ）奈良教育大学 教育学部 准教授

装丁　弾デザイン事務所
DTP　編集工房一生社

現場《げんば》から変《か》える！ 教師《きょうし》の働《はたら》き方《かた》
——できることから始めるローカルな学校改革

2023年３月17日　第１刷発行

定価はカバーに
表示してあります

編著者　片山悠樹
寺町晋哉
粕谷圭佑
発行者　中川　進

〒113-0033　東京都文京区本郷 2-27-16
発行所　株式会社　大月書店
印刷　三晃印刷
製本　中永製本
電話（代表）03-3813-4651　FAX 03-3813-4656　振替00130-7-16387
http://www.otsukishoten.co.jp/

ISBN978-4-272-41266-2　C0037　Printed in Japan